HERMES

在古希腊神话中，赫耳墨斯是宙斯和迈亚的儿子，奥林波斯神们的信使，道路与边界之神，睡眠与梦想之神，亡灵的引导者，演说者、商人、小偷、旅者和牧人的保护神……

西方传统　经典与解释 **HERMES**
Classici et Commentarii
德意志古典传统丛编
Library of the German Classical Tradition

刘小枫◎主编

黑格尔论自我意识

《精神现象学》中的欲望和死亡

Hegel on Self-Consciousness
Desire and Death in the *Phenomenology of Spirit*

[美]罗伯特·皮平 Robert B. Pippin　｜　著

马晨　｜　译

华夏出版社

古典教育基金·蒲衣子资助项目

"德意志古典传统丛编"出版说明

　　德意志人与现代中国的命运有着特殊的关系:十年内战时期,国共交战时双方的军事顾问都一度是德国人——两个德国人的思想引发的中国智识人之间的战争迄今没有终结。百年来,我国成就的第一部汉译名著全集是德国人的……德国启蒙时期的古典哲学亦曾一度是我国西学研究中的翘楚。

　　尽管如此,我国学界对德意志思想传统的认识不仅相当片面,而且缺乏历史纵深。长期以来,我们以为德语的文学大家除了歌德、席勒、海涅、荷尔德林外没别人,不知道还有莱辛、维兰德、诺瓦利斯、克莱斯特……事实上,相对从事法语、英语、俄语古典文学翻译的前辈来说,我国从事德语古典文学翻译的前辈要少得多——前辈的翻译对我们年青一代学习取向的影响实在不可小视,理解德意志古典思想的复杂性是我们必须重补的一课。

古典文明研究工作坊

西方经典编译部乙组

2003 年 7 月

格奥尔格·威廉·弗里德里希·黑格尔

Georg Wilhelm Friedrich Hegel

1770—1831

目　录

致　谢

[vii]本书内容是我根据2009年4月和5月在阿姆斯特丹大学举办的斯宾诺莎讲座（Spinoza Lectures）所做的扩展和修订。许多人，包括我在内，都认为《精神现象学》的第四章是黑格尔所有著作中最重要一章，我将把我对这一章的解释与一篇关于黑格尔诸观念之哲学意义的论文结合起来。

非常感谢阿姆斯特丹大学哲学系给我这次演讲的机会，以及特别是在世界上最富教养、最有趣、最美丽的城市之一生活和教学的机会。在我逗留期间，我特别感谢系主任费吕希特尔（Josef Früchtl）、我的朋友罗斯勒（BeateRössler）以及维贝克（Yolanda Verbeek），他们关心着我们访问的许多细节，亲切而高效，还要感谢维特（Marijke de Wit），他在我讲授"黑格尔自我意识的现象学"的名师研讨会上帮了我许多。

我在2008年11月科尔盖特大学（Colgate University）主

办的一个特别研讨会(Kokonas 研讨会)上开始讨论关于黑格尔自我意识理论的这种解释,感谢哲学系的[viii]邀请,感谢与哲学系老师和同学进行的许多生动而富有启发性的讨论,感谢我的共同研讨会,感谢麦克道尔(John McDowell)和布兰顿(Robert Brandom)的反馈和评论,以及他们所做的其他工作,我一直觉得这些都很鼓舞人心。事后,麦克道尔的评论和信件特别有助于我澄清他(与我)对黑格尔著作中这一章节的理解,它有时令人困惑,但往往深刻且明显至关重要。

引　论

　　[1]年仅三十多岁的黑格尔在德国城市耶拿写出了革命性著作《精神现象学》(*Phenomenology of Spirit*)，这部著作的一个主要关切也是现代哲学经常关切的问题:尝试理解明显涉及人的感觉、智慧(sapience)和能动性的各种能力,在黑格尔的规划中,尤为重要的是考察所有这些能力之间复杂的相互关系。因此,黑格尔在这部前所未有的著作中描述了感觉接受性(sensory receptivity)、感知(perception)、判断、归纳、推理、自我意识、普通必然性(nomic necessity)、正当性以及意愿、目的、实践理性、语言共同体和整体社会性等内容。

　　黑格尔不同寻常的论述是通过他发明的"现象学"方法,或他最初称为"意识的经验科学"的方法来进行的。粗略概括来说,这一新方法涉及想象可能的经验模型(其基本结构的模型),其中主要是客体①和其他主体的经验,并且这些经验模型只限于一种或某些能力,或限于某种特定关系中,然后通过一系列必要的反证法(reductio ad absurdum)来证明:当从经验者的角度来想象时,[2]这种想象的经验实际上不会是一种可能的或连贯的经验,因此需要一些显明的增加或改变来修复想象的画面,从而获得新的可能性。最终,这种对经验模式的内部检验,在黑格尔的发展论述中变得极其详细和丰富,甚至相当于对一种真实历史生活形式的可能性和可行性的考察,一种在关于这些能力及其相互关系的假设下所进行的历史经验。

因此,针对这一关于经验的主题,一旦收集了进行完整充分的描述所需的所有材料(在前五章之后),黑格尔就开始对这一主题的发展进行一种更加与众不同的描述,这种类似于集体意识的形式被他称为精神(Geist)。从这点来看,这种说法更不寻常,因为人类自我意识的进程,被黑格尔本质上视为他所谓的精神的"现实"(actuality)及其历史的、社会的发展,黑格尔似乎影响了哲学本身固有主题的改

---

① [译按]为统一术语,object 在全文中译作"客体",包括文中所引中文译著译为"对象"的地方也将酌情改译为"客体"。

变,坚持哲学不应该研究单纯的概念,而应当研究"现实"中的概念,这意味着当现实被认为是根据这种经验"检验"的时候,它就处于现象学的历史现实中。

至此,很多内容听起来应该是不寻常的,黑格尔对哲学上的德语进行了高度特立独行的创新,但这在文本中是可以理解和相对可追踪的。除此之外,在论题的发展过程中,有两点困惑很容易成为完全的阻碍。它们出现在第四章"自我意识"中,黑格尔自己将这一章看作这部书中最重要的部分,称之为这部书的"转折点"。第一点出现在黑格尔突然插入的话:"自我意识就是欲望一般(Self-consciousness is desire itself[Begierdeu berhaupt])。"第二点对于黑格尔的自我意识理论和后黑格尔主义思想来说,如果不是更重要的话,也同样是难以理解的,[3]它宣称:"自我意识只有在另一种自我意识中才能得到满足(Self-consciousness at-tains its satisfaction only in an-other self-consciousness)。"

我想尝试理解黑格尔在这部冒险之书中关于这两点的含义和哲学动机。不过,有几个条件必须首先说明。我只想提出最重要的一点,那就是严格来说,黑格尔并不存在一般意义上的自我意识"理论",或者说,至少孤立研究这种理论会割裂黑格尔哲学中著名的整体论(holism)。整个《精神现象学》是对自我意识和人类主体走向自我意识的沉思，特别是作为一种集体主体走向集体自我意识的沉思。黑格尔把从中世纪天主教到法国大革命的一切都视为这一描述中必不可少的部分。但正如我希望在下文中展示的那样，这一长篇论述中最独特和最原创的方面开始在第四章成为焦点，这也是本文仅仅聚焦这一部分的充分理由。

这样做还有一个更明显的理由，这个理由更具体地涉及英美国家哲学传统。出于多种原因，亚里士多德、笛卡尔和康德等哲学家在当代英语哲学中仍然活生生地存在着（至少在某种程度上），相比之下，被描述为粗鄙的"欧洲哲学"哲学家很少出现在顶尖研究型大学中。① 人们可以对此做出一个很好的说明，这种所谓存在分歧的哲学传统始于黑格尔及其对后来欧洲哲学的影响。这种影响有两个方面。这与那些在黑格尔阴影下进行哲学思考的人有关，他们不愿接受严格的认识论和形而上学上的[4]行动、能动性、目的性、解释等概念之间任何严格的分离。这种整体论的方法很快导致第二个分歧，这个分歧点建立在实践哲学

---

① "粗鄙"（Clumsily）是因为大多数分析哲学的特征起源于奥地利和德国哲学。

和理论哲学的整合之上：在解释认知成功的主张，甚至在正确理解基本心灵 - 世界（mind-world）的性质和主体间的关系方面，后黑格尔主义者坚信人的社会性及其历史性之间存在着相关性，任何一种认知或实践成功的可能性都不可避免地预设了这一点。这种社会历史现实与认识论、形而上学、道德理论、美学等传统上被严格视为哲学问题的内容有关，它有多种形式：马克思主义中的社会经济问题、尼采的谱系学和心理学、海德格尔和存在主义中的情绪和决心、福柯的考古学和谱系学、结构主义中主体对结构的依赖（或主体在结构中消失）等等。（当然，更为传统的哲学的反击一直是，这样一些理论企图把哲学转化为别的东西，从而大规模改造哲学，并使之与哲学完全失去联系。）

我所说的传统之间的分歧可以说起源于《精神现象学》这一章的转折点——这也是我们密切关注它的另一个原因，即使在某种程度上违背了黑格尔的整体论。换言之，这本书的转折点关涉到现代西方哲学传统的一个更为广泛的转折，因此它能够突显出这样一个极具价值的问题：改造哲学，还是彻底告别哲学？

[5]在这一点上，一个策略自然会出现。由于这一章的主题——自我意识，以及与自我意识有着深刻联系的另一

主题——自由,是我们所称之为德国唯心论最重要的课题,
我建议从康德把自我意识作为人类智慧的中心地位开始。
这就是我想表明的立场,黑格尔正朝着刚才建议的方向发
展和转变。①

———————

　　① 以下内容是对我首次发表在《黑格尔的唯心论:自我意识的
满足》(*Hegel's Idealism*: *The Satisfactions of Self-Consciousness*, Cam-
bridge: Cambridge University Press, 1989)(以下简称 HI)第四章观点的
重新思考和实质性修改。如有可能,我更倾向于谈论詹金斯(Scott
Jenkins)在"黑格尔的欲望概念"(*Hegel's Concept of Desire*, Journal of
the History of Philosophy 47, no. 1 [2009], pp. 109 – 130)中所说的
"语境主义"方法;也就是说,在前三章所阐释的带有局限性的范围内工
作是为了解释为什么似乎有那么多新的主题,而不仅仅是像詹金斯所说
的那样(109)帮助自己"呼吁理性的、有知觉的人的能力"。我认为目前
的内容回答了詹金斯(110 – 112)提出的一些问题。一般说来,詹金斯想
强调黑格尔在这里不应被视为主要关注与进一步阐明知识的条件(他
认为我在《黑格尔的唯心论》中做出了这一点),而是提出一个关于人的
主体性本质的广泛而有力的主张,这就是他的新主题。他接着否认这种
主体性应该被理解为仅仅是一种"观点",坚持认为它是一个肉身的、历
史的、劳动的主题。在我看来,黑格尔的确试图承认他在这类主题上是
激进的,但这是为了进一步阐释意向性意识的可能性。换句话说,在我
看来,詹金斯并没有公正地(正如麦克道尔在我们稍后将要看到的解释
中所做的那样)对待黑格尔在第 167 段中的表述:在自我意识中,"感性
世界的整个范围都为它保存下来了"。诚然,在恰当的认识论中心回归
之前,关于与客体相关的自我意识内容还有很多话要说,黑格尔从未忽
视它。另参见我关于"总体"(wholeness)结束语的相关评论。[译按]如
无特殊说明,本书所引《精神现象学》中译本为邓晓芒译本。

第一章　论黑格尔关于自我意识是
"欲望一般"的观点

一

[6]康德认为,在我们经验中,将一个客体与单纯的主观表象区别开来的是规则支配下的统一。他对客体的著名定义是:"在其概念中的一个被给予的直观的杂多被结合起来的东西。"(B137)这意味着意识本身必须被理解为一种有区分的、统一的活动,从范式上来说,它必须被理解为判断,而不是感观印象的被动记录者。这种主张开启了一个广阔的可能性和问题领域,因为康德并不认为,我们清醒的注意力应该被理解为我们意向上要做的某事,在标准意义上,即便是我们的注意力,也不能被视为碰巧在我们身上发生的纯粹事件,好像我们碰巧引发了一种确定的状态,或者好像感官刺激只是激活了一个活跃的心理机器。

　　康德显然也无意通过他的主张暗示，意识的形式是一种判断形式，即意识由成千上万有意做出的非常迅速的判断性主张组成，[7]成千上万"S 是 P"或"如果 A，那么 B"正在发生。这个世界就是如此这般，不存在孤立的、意向的判断。康德把意识理解为"综合的"，其本身是一个相当难以解决的、独立的论题。①

　　康德关于演绎论证的主要兴趣首先在于表明，支配这种活动的规则（无论描述这些活动的正确方式如何）不能完全是经验的规则，所有规则都是从经验中推导而出，这种规则必须来源于自身无法推导的规则，或者说它们必须是纯粹的知性概念。其次，这些非推导的规则具有真正的"客观有效性"，而不仅仅是对独立接受杂多的主观强加，正如康德所言，先验规定的"意识的综合统一""不仅我自己为了认识一个客体而需要这个条件，而且任何直观为了对我来说成为一个客体也都必须从属于这个条件"（B138）。康德似乎意识到，他给人的印象是，对他而言，意识具有两个步

---

　　①　我在希尔（J. Shear）编辑的较易获得的《心灵的神话》（*The Myth of the Mental*）一书中对"什么是概念活动"（What Is Conceptual Activity）做了解释。

骤——首先仅仅接受这些感官杂多,然后对这些杂多进行概念化处理——但他努力追求第二个步骤,以便消除读者对这种印象的疑虑。

除了一些康德学者之外,没有多少哲学家仍然相信康德在这一论证中证明了我们拥有综合的先验知识,尽管人们普遍都会赞赏康德关于因果关系和主体性的论证所带来的力量。但康德对意识本质的基本描述仍会引起人们很大兴趣。[8]正如已经指出的那样,判断作为他叙述的核心部分,不仅仅是一个发生的心理事件,好像是一种由感官刺激因果关系引起的综合活动。判断不是由一个决断而引发的实践行动,而是有时在不确定的情况下由主体维持和决定的活动,这意味着它是规范的构成。支配这种活动进行判断的绝对规则是关于应当判断什么的规则,也是我们的经验应当(必须)如何组织的规则。例如,我们区分或判断一个稳定客体的相继感知在时间上是真正同时的,而不是实际上表现了相继的事物。这是我们必须做出的区分;我们在这两种情况下都体验到了相继性,必须能够确定什么是应当被同时判断的,什么实际上是相继的。① 所以,这样的规则不是描述我们如何运作的规则,它们不是心理思维法则,而是对规范属性的回应。而且,为达到与黑格尔下面所说的主体进行某种程度上的联系,这些都意味着意识必须是内在的反思或感知。(我不可能维持一项活动,隐含着我在做决定时试图得到正确的客观时间秩序,在某种意义上,我没有意识到我是如此把世界当成这样的,[9]或是没有感觉到它就是这样。我是在获取[taking]或建构,而不仅仅是在记录,因为我也是在这样的获取中打开了犯错的可能性。)尽管很少会清楚地表达出来,但是所有意识本质上都是自我意识。把一种有意识的状态想象成仅仅充满关于房屋感知的丰富细节是不正确的,就好像意识只能记录它的存在似的;我得到或判断这里存在的是房子,而不是谷仓或加油站,或者用康德著名的公式:"'我思'必须能够伴随我

---

① 要尽可能清楚,对于我们的经验中偶然相继和因果相继之间的必要区分,我们不能挑选或选择。康德在第二类比中指出,如果没有这种可区分性,经验是不可能的。但这种必要性是概念性的,而不是心理意义上的(没有这种区分,任何经验的概念都是不可理解的,经验者原则上可以做到这一点),我们实际上必须确定哪些相继是偶然的,哪些是因果必然的,这就需要我们进行判断上的辨别。因此,我们就可能弄错这一点。

的一切表象。"但"内在的"或"在某种意义上知道我做出或判断它是这样或那样"是什么意思？在什么意义上，可以说我与任一客体有意识的关系内含着我与自身的关系？也就是说，所有的意识都包含着一种自我意识，把 S 当作 P，从而让自己把 S 当作 P。但在这样的自我关联中，所谈论的自我不能仅仅是另一个意向意识的客体。如果是这样的话，那么显然会出现无穷后退问题。通过任意推理的对等性，在获取任何事情成为可能的过程中，自我必须将自身作为一个客体来观察，人们也将不得不论证进行观察中的自我也必须是可观察的，等等。自我关联，无论它是什么，都不能是两地的意向关系，意识的自我意识也不能引出两个阶段或两个要素的图景：我们有意识的感知，然后还有我们自我监控的自我关联。（正如康德和黑格尔所说的那样：后者还只是意识，我们还没有在那里发现自我意识。）①

[10]黑格尔自己关于这些问题的著名讨论最早出现在他于 1807 年出版的《精神现象学》第四章。这本书的前三

---

① 后康德哲学家费希特最先对这一点做出了极大贡献，而现代评注家亨利希（Dieter Henrich）则从《费希特的原初洞见》（*Fichtesursprüngliche Einsicht*，Frankfurt：Klostermann，1967）开始，最大程度地阐释了这一点的哲学含义。

章是在"意识"这一标题下进行讨论的,第四章则直接题为
"自我意识"。(第四章只有一节,叫作"自身确定性的真
理",这将是我在下面讨论的重点。)①相应地,特别是考虑
到黑格尔对康德统觉学说抱有极大的感激之情,②人们会
期望这些部分与前面所提到的康德的观点有关,也因此与
经验的自我意识的性质和如此理解经验可能性的条件有
关。但是关于《精神现象学》前三章和第四章的关系,存在

—————————

① 这是一个相当典型的黑格尔式的标题,可能会引起误导。黑
格尔所说的"自身确定性的真理"(Die Wahrheit der Gewißheit seiner
selbst),似乎并不像他表述的那样,指关于自我的真实确定性的真理。
正如我们将要看到的那样,他实际上是说,正如感性确定性最终并不
确定一样,自我确定性的真理根本不是自我确定性的问题。这种主观
确定性与其"在真理中实现"的关系是理解《精神现象学》基本结构的
关键。它最基本的形式是这样的:"内在的"(任何假定的自我确定
性)的真理是"外在的"(与世界和他人的一种中介关系),这一切都不
同于标题可能暗示的任何东西(如:如何解释这种自我意识的事实)。
在这里我不同意詹金斯在前面引用的文章,页114。

② "认识到那构成概念本质的统一,是统觉的原始 – 综合的统
一,是'我思'或自我意识的统一:这属于理性批判中最深刻、最正确的
见解。"*Wissenschaft der Logik*, *Bd.* 12 in *Gesammelte Werke*, ed. Rhei-
nisch-Westfälischen Akademie der Wissenschaften (Hamburg:Felix Mei-
ner, 1968 –), p. 221;*Science of Logic*, trans. A. V. Miller (Amherst:
Humanity Books, 1969), p. 584. [译按]中译见黑格尔,《逻辑学》下卷,
杨一之译,商务印书馆,1982,页247。

很多可以理解的争议。由于第四章讨论的是欲望、生命、[11]对立主体之间为获得承认而进行的殊死斗争,以及由此产生的主人 – 奴隶社会结构,很难看出关于感觉确定性、知觉和知性的讨论是如何继续下去的。

一些有影响力的评论家,如科耶夫(Alexandre Kojève),对前三章几乎不曾重视过。他们写道,好像我们应该把"自我意识"这一章作为一个独立的哲学人类学,一种关于人类社会本质上是暴力和阶级分裂的理论。(在科耶夫的叙述中,从来没有单纯的人,我们的物种地位作为一个平等自由主体必须是集体获得的,在最终血腥的革命中迎来一个没有阶级的社会之前,只有主人和奴隶存在。)

也有人认为,黑格尔在第四章将主题转移到了社会性问题上。我们能够看到为什么他在这一点上可以很自然地改变主题,因为这是一个不同的主题。(在探讨了自我意识在意识中的必要作用后,黑格尔将主题转移到非常宽泛、不同、独立的问题上,比如:一般来说,什么是自我意识?什么是自我?用布兰顿通过主体转换[change-of-subject]解释所提供的版本来说,什么东西使诸事物"为之"存在?)①

[12]最近的一些评论家,比如麦克道尔和斯特克尔－韦托弗(Pirmin Stekeler-Weithofer),认为第四章既没有重新开始一个新的主题,也没有改变以前的主题。麦克道尔把这个问题看作对前三章所出现问题的延伸和发展,并认为此处还是基本涉及这样一个问题:如何理解在主体与对客体关系中存在的独立与依赖之间的有效"平衡"?对麦克道

---

① 还有一些其他解释倾向于以其他方式孤立理解第四章的观点,把它解释为一种"先验论证",旨在证明"一个自我意识需要另一个自我意识的承认"。Axel Honneth, "Von der Begierdezur Aner kennung: Hegels Begründung von Selbstbewußtsein", in *Hegels Phänomenologie des Geistes: Ein kooperativer Kommentarzueinem Schlüsselwerk der Moderne*, ed. K. Vieweg and W. Welsch (Frankfurt a. M.: Suhrkamp, 2008)。在这个问题本身("从欲望到承认")以及黑格尔试图证明这一点的一页半的论证中,有很多有价值的话。但是,正如我将要论证的那样,这不可能对这一章做出令人信服的解释,因为这一章没有从整体上解释书中"意识－自我意识"论点的深层结构。我认为,霍耐特关于把我们自己理解为"真正主张的创立者"和"理性的个人……意识到它的构成,创造世界[welterzeu－genden]的认知行为"(页190)的简要评论没能准确地呈现这种结构。"创造世界"这个词太抽象、不够精确,无法捕捉黑格尔试图表达的有关意向意识及其对现象学的意义。

尔来说,第四章似乎讨论的是欲望(orectic)①和社会问题,
这是"图式(figures)"或类比的问题,用以说明在我们对世
界的经验中,心灵对客体的被动依赖和对客体的积极独立
问题,就像前面对康德的总结所描绘的那样(即既不是独立
的主观强加,也不仅仅是被动的依赖接受)。我们看到的是
一幅我们积极自发的自我与自身被动的经验自我进行的一
种虚构的对抗和斗争的图景,起初是为激进的独立而徒劳
斗争,[13]然后是一种初步但注定的支配关系(仿佛灵魂
试图使自己的肉体本性成为奴仆[Knecht]或单纯的仆
人)。② 因此,对于麦克道尔来说,黑格尔并不是直接引入

---

① 我用这个亚里士多德式的术语来区别布兰顿的术语"情欲
的"(erotic),因为后者似乎会产生误导,它包含了所有意识都有性维
度的模糊但令人愉快的暗示,而且黑格尔的叙述在我看来充满了亚里
士多德式的精神。见 Aristotle's discussion in Book VI of the *Nichomach-
ean Ethics* on choice (*proairesis*) as either "desiring intellect" [*orektikos
nous*]或"minded desire" [orexisdianoêtikê], 1139b5 – 6。

② 麦克道尔并不是想说,这种充满对立因素的和双重的图景仍
然是黑格尔的,它在某种程度上只是一个妥协的和平协定。麦克道尔
的图画中也必须放弃感知和被动感知因素或阶段之间的这种二元性
的整体图景。我想说的是,放弃这一点是放弃一幅最终达成某种妥协
的对立自我意识图画的重要组成部分。黑格尔的图景要激进得多,他
的论证就是从本章开始的。

欲望这个主题作为理解意识本身的一个必要因素(正如这个文本所暗示的那样,无论它多么违背知觉),相反,麦克道尔说:

> "欲望一般"作为"否定他者"的一般概念的一个形象(诚然在某种程度上是一个前所未有的问题),通过占有或消耗,把最初认为仅仅是作为他者的东西融入自己,比如说在感知中所发生的事情。①

本章的下一个主题是"生命"(life),据说它是概念(der Begriff)结构的典范,我们可以说,它是所有可理解性和所有意义建构的基本逻辑结构。② 为获得承认而进行的殊死

---

① John McDowell," The Apperceptive I and the Empirical Self:Towards a Heterodox Reading of ' Lordship and Bondage' in Hegel's *Phenomenology*"(hereafter AI)in *Hegel: New Directions*, ed. Katerina Deligiorgi (Chesham:Acumen, 2007), p. 38.

② 尤其是普遍性与特殊性之间的关系,在第169段中最为明显。这种描述有很多道理。经验主体不可避免地意识到自己是一种生物,一种与所有其他同类生物共享的物种形式,所有这些生物都共享生命的一般形式,而自身作为一个单一的主体,其自己的生命不是一般的"生命"或其他物种的生命。(因此,麦克道尔将会指出,他的解释并没有过度或过于寓言化。他[在通信中]说,在他看来,重要的是,生命就是生命,而不是生命以外的其他东西。)

斗争据说是一个丰富多彩的"寓言",[14]说明了一个意识中对立和从属的对方可能存在的关系。所以麦克道尔断言,第四章根本没有直接引入社会性的问题,尽管有一句名言说道:"我即我们,我们即我(I that is a We and a We that is an I)。"

这种解释有一个非常大的优点,那就是保留了与前三章的联系,但是,正如我将要论述的那样,虽然独立性和依赖性之间逻辑的一般问题当然适用于自发感知和被动经验自我之间的关系,但无论麦克道尔的解释本身多么丰富,都不能公正地对待黑格尔实际提出的激进观点。我想要说的是,当黑格尔说自我意识是"欲望一般"①的时候,他的意思是这与意识本身的感知本性问题相关,从而为自我意识只

---

①　需要对黑格尔在这里思想的发展过程做一个一般性的提醒。自我意识和欲望的承认发生在很早的阶段,这是从黑格尔开始收集他认为理解意识的自我意识维度所需要的各种维度和因素开始的。黑格尔最初只是说:我们至少要明白,自我意识必须被理解为单纯的欲望(mere desire)(另一个恰切的翻译是"欲望一般")。将这种自我意识仅仅视为欲望而不是其他任何东西都将证明是不可能的,这种不可能性是本章其余部分的内容。但这个过程意味着,从现在起,无论自我意识是什么,它必须仍然被理解为本质上是欲望。

有在另外一种自我意识中才能得到满足的说法提供了依据。① 捍卫这种解释是本书的任务。

[15]因此,我将开始阐明我想归之于黑格尔的论点。(也就是说,此论点在第四章进行了阐释和辩护。如前所述,整本书都是对自我意识的沉思,都涉及关于成为精神的自我意识。)我认为黑格尔的立场是,通过以任何方式将其视为观察的、推论的、直接性的或任何形式的两地意向关系来考虑,我们误解了自我意识的所有维度,从意识本身的统觉到对自我简单、清晰的反思,再到自己所谓的同一性的实际自我认识。然而,我们对自己的任何了解(或参与世界是

---

① 布兰顿同样也认为《精神现象学》是一个寓言,是一个关于概念内容各个方面的寓言。Robert Brandom, "The Structure of Desire and Recognition: Self-Consciousness and Self-Constitution," *Philosophy and Social Criticism*, 33 (2007) (hereafter SDR). 例如,他认为黑格尔对生死斗争的处理是对承认问题(真的"承认")的转喻。但这只是许多可能例子中的一个,证明了一个人所宣称的承认实际上意味着什么。比如说,愿意失业可能是另一个例子。无论在这里还是在整个过程中,我都要抵制布兰顿和麦克道尔叙述中这种寓言式或比喻式的解释。我将要在下一章讨论布兰顿的解释。(我们应该马上注意到,否认寓言式阅读,并不意味着暗示黑格尔在谈论历史或文学。这一章是某种哲学寓言,但它的内容并不像霍布斯对自然状态的描述和卢梭的独居野蛮人那样具有象征意义。)

隐含的自我关联），都不是通过观察一个客体，也不是通过概念化一种内在直观，更不是通过任何直接的自我确定性或自我对自身的直接存在。我想说，从最低限度地意识到自己完全具有确定的（判断的）意识，再到复杂的自我声明、自我认同和深刻的承诺，黑格尔都把自我意识视为（ i ）某种实践成就（achievement）。① 这种关系绝非看上去的那样，它必须被理解为一种尝试的结果，[16]作为自我对自身的直接存在，它常常需要某种努力，甚至斗争（所有这一切甚至可以解释普通感性经验的自我意识方面）。各种形式的自我意识是我们必须达到的某种思维方式（被不断地实现），这必然意味着：最终可能无法完全实现，并且一旦实现就会失去。这与把心灵的目光转向内心去审视自身没有什

----

① 这与诺伊豪瑟（Fred Neuhouser）的解释相反，"Desire, Recognition, and the Relation between Bondsman and Lord"，载于 *The Blackwell Guide to Hegel's Phenomenology*, ed. K. Westphal（Oxford：Wiley-Blackwell, 2009），pp. 37 – 54,他认为，黑格尔实际上是把主体从感知转变为实践的自我概念和自我评价。我认为黑格尔的叙述是由康德统觉概念的内在不足所推动的。如果不考虑这个问题，我们就无法理解为什么自我意识和自身的统一问题会出现在这里，为什么这种统一"必须变得必不可少"，而讨论单一自我意识存在者确信自己的激进和完全独立（Selbstständigkeit）将会显得毫无动力，这只是一个新的主题。Cf. p. 42.

么区别。①

[17]诚然,似乎很难理解为何有人会认为,我的意识都
应当涉及任何这样的实践活动或成就。例如,不仅仅是我
正在授课的内容,而且无论我对我正在授课过程中的意识

---

① 这是一个潜在的相当误导人的说法,但我想不出更好的方法
了。直接来说,这似乎意味着一些"失败的自我意识"可以被想象成四
处游荡、无法确定的经验客体,这也许就是康德曾经考虑过的"不过一
个梦(less than a dream)"的状态。现在来说一下"成就"这个概念的丰
富内涵,必须要强调的是,这里所说的成就主要指的是集体之间相互
承认的思想,而并非个人的成就的问题,也不涉及任何真实历史谱系
的事情,而且,不管一开始多么不合常理,从某种意义上说,黑格尔确
实希望维持这样一种状态:在某种形式的规范性自我调节下——较强
的习惯性和共享性,被认为是理所当然的几乎无法反思——某些群体
可以说是阻止、否认自己对可失败性的适当反应,并挑战了最终将成
为适当的或成功(非扭曲)经验的构成。黑格尔的观点并不是说,作为
有目的的能动者对自然力量做出反应的古老主体持有的虚假信念,最
终被经验上的不确定性所纠正。尽管这些信念是虚假的,但他的观点
是它们彼此之间相互负责,并以不接受这种不确定性的方式经验着世
界。因此,对这种做法失败的解释必须从别处寻找精神的"自身经
验"。这种"成就"的话语几乎伴随着黑格尔对精神的所有讨论,特别
是关于自由的实现状态,这是一个与自我意识问题有着深刻联系的话
题。和这个问题的其他方面一样,这个成就不是我意图做的。它是作
为人类经验者向世界敞开的组成部分。见 *Hegels Philosophie des subjek-
tiven Geistes/Hegel's Philosophy of Subjective Spirit*, 3 volumes, ed. and
trans. M. Petry (Dordrecht: Riedel, 1978), I, pp. 52 – 53 (hereafter
PSS)。我非常感谢平卡德(Terry Pinkard)关于这一点的通信。

是什么,我实际上都遵守了适当的授课规则。这样的自我认知似乎显而易见,其中没有感受到欲望、努力或斗争,在我看来,这是一个宣告,它甚至显得毋庸置疑。但是黑格尔想说,一旦我们正确看待这样的错误,即认为任何自我意识中的自我都是立即呈现给一个可观察的心灵,或者说是一种更高层次的自我监控模式,这也就暗示了他的解释。如果自我与自身的关系不能是直接的或"客体的",并且某种自我意识是意向意识的条件,那么对他来说这是一些可以直接实现的目标。① 哪怕最低形式的自我意识,也可能会错误接受或以与其他(或所有)这种接受不一致的方式进行,从而设定某种任务。稍后再探讨这一点。[18]这就是

---

① 所以,自我意识虽然不是"独断的",用萨特式的词来说就是意向的或设定的(positional),并不是某种模糊的设定,在我们的眼角处捕捉,或在地平线上瞥见。它不是意向性的,也不以客体为导向。Jean-Paul Sartre, *The Transcendence of the Ego*: *An Existentialist Theory of Consciousness* (New York: Hill and Wang, 1991).

黑格尔声称意识是统觉的核心动机。①

　　另一种与黑格尔哲学方法几乎每一方面都有联系的观

---

　　①　麦克道尔(在回应 2008 年 11 月在科尔盖特大学 Kokonas 研讨会上对本讲座早期版本的介绍时)指出,"成就"这个概念在这里是一个误导性的概念,任何涉及能够感知判断的成就都应该按照学习语言的模式来理解,也就是简单引入一个语言共同体,不涉及一般意义上的斗争或时间成就的概念。这只是碰巧而已。但是(a)黑格尔在这里描述了这种能力发挥作用的最低条件,只是当他探讨了实现这种能力的含义时,他才提出了随之而来的欲望和社会问题;(b)黑格尔所描述的就像语言能力的获得,只要我们承认这种获得最终涉及的不仅仅是语法正确的规则。要进入语言共同体,就要进入适当性、权威性、谁能说、何时说、为何说等所有语用层面。一个人只有学会了这种语言用法,才能成为一个合格的言说者,主要在本章中,黑格尔想从历史条件来看待这种规范,以及任何一种规范背后的社会条件和社会矛盾。另见麦克道尔的"On Pippin's Postscript",载 *Having the World in View* (Cambridge, Mass.: Harvard University Press, 2009), pp. 185 – 203 (hereafter *HWV*)。哈贝马斯认为,掌握语用学的全部知识和对语言共同体的全面参与意味着言说者"不再直接与客观世界、社会世界或主观世界中的事物相关联;相反,他们将自己的言论与他们的有效性被其他行为者质疑的可能性相对立"。Jürgen Habermas, *The Theory of Communicative Action*, *Reason and the Rationalization of Society*, vol. I (Boston: Beacon Press, 1984), pp. 98 – 99. 在黑格尔看来,这种关于言说者或能动者的独特标准不能像哈贝马斯有时说的那样是超越性的或"准超越性的",而是需要考虑非同寻常的重建现象学。(知晓哈贝马斯理论的人认为:这也意味着,对于哈贝马斯来说,规范中的"历史的自我教育逻辑"和先验的"正义逻辑"之间可能没有如此严重的严格区分,坚持这种区分是哈贝马斯不是黑格尔主义者的原因。)

点是,[19]如果自我意识或任何使自己成为或致力于任何
事情的形式不是内省的或观察的,那么它必须永远是暂时
的(provisional)。这种自身关注如若需要世界和他人的某
种承认或实现,要看其是否值得。这方面最明显的例子见
于黑格尔关于能动者的理论中,在这个理论中,人们不能说
实际上已经有了自己所宣称的意向或承认,哪怕是真诚地
宣称,只有等到自己实际上意识到了这一意向,而此行动在
它被实施的社会世界中被认为是这一行动才可以。(当然,
人们会发现,他们实际上在愿意做的事情上所表现出来的
实际意图,可能与他们所宣称的,甚至真诚地宣称的有很大
的不同。)①

(ii)②黑格尔认为,这样的尝试和成就本质上是社会性
的,必然涉及与他者的关系。关于现实化作用的最后一个
问题开始引入这样一种依赖性,但是从一开始就很难理解
为什么其他人需要参与到亲密性和私密性中来,这看起来
似乎只是自我与自身关系的特征。

———————

①　这是一个核心问题,关于此问题的详细讨论参见我的著作
《黑格尔的实践哲学》(*Hegel's Practical Philosophy*：*Rational Agency as
Ethical Life*,Cambridge：Cambridge University Press, 2008)。

②　(i)是关于"实践成就"的说法。

他这样看待事物的理由主要包含三个部分。一种典型的方式是,他试图从理论上所需要的最浅显和最简单的自我关联形式开始,因此首先要考虑一个生物在维持自己生命时所具有的纯粹自我情感,其中维持自己生命体现了对自我的这种最低程度的反思性关注。这种最低形式的自我关涉并不是前三章所要求的那种自我关涉(规范的自我规定)。[20]然后他问道,当与维持生命相关的欲望客体变成另一个主体而非另一个客体或障碍时,会发生怎样的变化。实际上,他认为,当我们的欲望不仅仅受到挫折或阻碍,而且受到挑战或拒绝时,一切都会改变。然后,他探讨了这样一个其他主体的存在,在改变一种可能的自我关联时,如何为现象学的其他部分,为智慧和能动性的问题设定一个新的议程。

二

一般认为涉及"实践转向"发生的主要段落如下:

自我意识的现象与它的真理性的这种对立只是以

真理性,亦即以自我意识和它自身的统一为其本质的;这种统一必须成为自我意识的本质;这就是说,自我意识就是欲望一般(desire itself)。(第 167 段)(Begierdeu berhaupt,经常被翻译为 desire in general 或 desire,generally 或 mere desire。我在这里采用平卡德的说法,翻译为 desire itself。)①

这一段预先假定了我们已经提出了更大的问题——黑格尔讨论意识双重性质的方式(一个是关于客体的意识,另一个我把它当成非设定[non-positional]意识或隐含意识)。② [21]黑格尔将此称之为"对立者(opposition)",或者正如他所说,这种双重性将"否定性"引入意识中,即意识不仅等同于(认同)其内容,还体现在其他地方,比如说,是

① 2018 年,剑桥大学出版社出版了平卡德所翻译的《精神现象学》英译本。[译注]见 Hegel, *The Phenomenology of Spirit*, tran. Terry Pinkard, Cambridge University Press, 2018。

② 意识作为自我意识具有的双重的客体:首先是一个直接的客体,亦即感性确定性和知觉活动所认识的客体,但这个客体在自我意识看来带有否定事物的标记;其次就是自我意识本身,这个客体才是真正的本质,但一开始还仅仅是与前一个客体相互对立(第167段)。

思想的一部分。① 要理解这一点,我们需要看一下导论中的
以下段落:

> 意识对自己而言本身就是它的概念,因此,它直接
> 就是对这一局限的超越,而既然这一局限属于它自身,
> 所以就是对它自身的超越。(第 80 段)②

---

① 黑格尔后来在《柏林精神现象学》(*The Berlin Phenomenology*)
中的表述特别清楚:

> 没有自我意识就没有意识。我知道一些事情,关于这些,我知
> 道一些我自己确信的事情[我知道的就是我自己]否则我将一无所
> 知;客体是我的客体,它是其他的,同时也是我的,在后一方面,我是
> 自我关涉的。(*G. W. F. Hegel*: *The Berlin Phenomenology*, trans. M.
> Petry [Dordrecht: Riedel, 1981], p. 55 [hereafter *BPhG*])

② 黑格尔在这里还介绍了一种说法,这种说法在对动物和人类
欲望差异的描述中更加突出:

> 但正如这个进程的序列一样,也有必要将这个目标放进认
> 知之中;这目标就存在于认知不再需要超越它自身之处,就存在
> 于它找到了自己,并且概念符合于客体,客体符合于概念之处。
> 所以,取向这个目标的进程也是不停顿的,是不在以前的任何过
> 站上找到满足的。凡是局限在一种自然生命上面的东西就不能
> 够由它自己来超越它直接的定在;但它会被一个他者逼迫来做
> 这种超越,而这样被破拽出来,就是它的死亡。(第 80 段)

[22]黑格尔在这里实际上提出了两个观点。第一点是他推论的前提:"意识对自己而言本身就是它的概念。"这个想法似乎是:如果我们正确理解了第一个前提,我们就会理解为什么他觉得自己有资格说"因此",即意识立即"超越""对它自身"设定的任何限制或概念。(我想说,这一切等于在为必须把意识理解为感知的说法辩护。)他的意思是说,人类意识中起作用的规范标准和属性是"意识自身",也就是说,这样的规范标准和属性是由一个主体所遵循的,而不是心理的、经验的思维规律,这就回到了前面提出的观点。这是康德原则的黑格尔版本,即它们除了自己所受的法则和规范以外,不受任何其他法则和规范的制约。① (这就是这里被包装成"自为"的东西。)这并不意味着在康德或黑格尔中存在着自我服从的情节或明显的效忠行为,或任何如此荒谬的事情;只有那些支配我们思想和行为的规范才能被用来支配思维和行动,无论这些主体是隐含的、惯常的还是不反思的(或者作为"第二自然[second-nature]"

———————

① 这一原则当然主要体现在康德的实践哲学中,但也在理论哲学中起作用,特别是康德想要将自己关于经验意识的描述与洛克或休谟区分开来的地方。

的问题),都会接受这种约束并保持忠诚。这些主体遵守规则,但不受其支配。正因如此,像苏格拉底、伽利略或弗洛伊德这样的人才会引发理智危机。(正如所有后维特根斯坦关于遵循规则的讨论所显示的那样,[23]对于这些规则的遵循不可能有任何规则,因此可以说,在按照这样的规则来执行所需的内容时,无需对如何去做进行任何明确的计算。)黑格尔非常感兴趣的是,忠诚如何建立,以及如何失去控制,但这与个人在某个时刻"决定(deciding)"效忠无关。或者,再次援引康德的话,知晓者和行动者不能解释为受自然法则约束的人(尽管他们也是普通物体,但他们是服从的),而是通过他们对法则的遵守和自我服从来解释的。①

---

① 所以,我认为罗德尔(Sebastian Rödl)关于康德的自律学说可以通过某种"逻辑形式"使行动法则成为"自己的"这一说法是错误的。参见 *Self-Consciousness* (Cambridge, Mass.: Harvard University Press, 2007), p. 117。康德自己在关于自律的著名论述中明确指出,我必须能够把自己视为法则的"创造者[Urheber]"。I. Kant, *Foundations of the Metaphysics of Morals*, trans. L. W. Beck (New York: Macmillan, 1990), p. 48. 罗德尔显然认为,任何"赋予自己法则"的概念都会涉及"任意的、非法的"行为(同上)。事实并非如此,可以很好地解释康德对自我立法的明确坚持,而没有任何萨特式选举的离奇时刻。一开始,我们注意到康德的表述是自相矛盾的,因为他坚持,无论他用"创造者"表达什么意思,都不能意味着任意的意愿。参见我的《黑格尔的实践哲学》,第三种是对科斯嘉(Korsgaard)的批评。

黑格尔认为,这也适用于一般感性认识的普通情况。我知道,在《精神现象学》的任何阶段,都要考虑基于任一"精神形态"或可能经验模式而将之视为经验主张的良好感知理由。也就是说,黑格尔把区分、统一、本质/表象区分、解释概念等经验规则作为规范性原则,并把这些规则建构成可能的确定性整体,[24]因为所有这些都只构成了第一章到第五章这种理想化的发展逻辑所考虑的"精神形态"的高于一切要求的显现,他列举了这种形态和这种内部矛盾的可能例证(确定的解释性的实际案例,比如试图说"这时[this here now]",或者试图把具有属性的物和这些属性区分开)。组织感知经验所涉及的概念也是规范,它规定了感性经验的要素应该如何被组织(特别是康德在时间上的组织),因此,它们的作用不像稳定的生理性质。我们以规范 – 关注(norm-attentive)的方式对可感知的环境做出反应。

另一种说法是,我们受到差别对待的关注从来不会偶尔出现,而是作为任何这种差别都必须适应的总体或整体的一部分,因此当受到威胁时,任何这样的关注都会受到某种不适应的压力。总体性是一种规范,而不是一种思维法则。在某种(经验主义的)思维方式上,认为这样一个总体性及其属性在任何意义上都可以在心灵中持有,人们"根据"这样一个总体性和它的要求来关注,而这个总体性不是另一个你关注的理念或表象,这似乎很奇怪。但这将是最为矛盾的。这样一个理念仅仅将会是另一个理念,并且服从于这样一个总体的影响,我们假设它不会更好,也不会更差。像前面介绍的那样,这个问题具有相同的深层误导性的诱惑,即认为任何"成就"语言,必须指的是在意识到某项主张或实践规划之后,我着手完成的另一项工作。

最后——这也是它们规范地位的最重要的标志——因为所涉及的原则指导着我的行为或结论,[25]只有当它们被遵守时,它们才能证明自己还不充分,并会失去控制。这就是黑格尔在他所推论出的结论中所说的意识"直接就是对这一局限的超越"的意思。它总是"超越"任何规范,在这个意义上,我们可以说,它并没有因为心理事实而受到这样的限制;意识总是能够改变正确感知、推理、立法或正确行动的规范。感知当然涉及跨时代、跨文化间物种相同的生理过程,但是感知知识也包括关注、差别、统一、排斥和概念组织的规范,这些规范的功能与生理规律不同。因此(正如黑格尔所说的,"因此"),我们应该被说成永远站在它们一边,但也"超越"它们。这似乎会在过程和感知中引入太多的规范性变化,而这个过程和感知看起来更多是一个生理事实。但是,尽管黑格尔肯定承认感知的生理成分有别于遵循规则或解释的元素,他也坚持认为在自我感知中生理的方面和规范的方面是不可分割的。(正如在海德格尔的现象学中,感知没有两个阶段,就像一个白色矩形固体的感知被"解释为"冰箱一样,事实上我们看到的就只是一个冰箱。)

这一主张的第二个方面涉及第 80 段中的内容,即这种意识如何以另一种方式"超越自身"。正如他所说,除了意识"否定"它所呈现的东西,不仅接受而且还规定了该情况如何之外,它还声称普通的、日常的意识总是"超越"自身,从来没有完全沉浸于它所关注的事,从来没有简单地或者仅仅处于一种感知状态中,它们总是消融于自己的概念活动中;这在某种程度上意味着它既可以说在判断和命令中是自我肯定的,[26]也可能是"自我否定"的,并意识到它解决或采取的情况可能并非如此。使用黑格尔有时引用的形象来说,它以某种方式"站在(stands above)"它所肯定的东西之上(尽管他再次表示:站在这样的决议之上,而不是除此之外)。下面引用的关于这一点的典范式的表达有助于解释问题,但它可能更有助于我们了解他为什么对意识本身使用这样"否定性"的语言。(这个术语是对"他最终认为自我意识是欲望一般"的关键解释。)黑格尔的这一表述来自他的《哲学科学百科全书》最后版本的"现象学"部分(同样是"柏林现象学"):

> 自我现在是这种主体性,这种与自身的无限关系,但在其中,也就是在这种主体性中,存在着它与自身的消极关系,分离,分化,判断。我进行判断,这构成了意识;它从自身处排斥自己;这是一个合乎逻辑的规定。①

因此,黑格尔认为前三章对意识的描述带给我们一个大问题是:对于一个存在者来说,它不仅仅是记录世界对个人感官影响的记录者,而且也是在与客体的互动中自为存在的,这是什么意思? 一般来说,一个存在者成为自为的,"在它与不是它的东西的关系中,它自身是不一致的",是什么意思?(这是《精神现象学》"知性"一章中的在"康德主义"启发下所引发的问题,在试图了解表象背后的真实本质时,"只知觉经验本身",他说,这引发了一个问题:对意识在认识自身中所知道的东西的认知需要一个更复杂的运动

---

① *BPhG*, 2.

[第167段，我的强调]。）[27]这是第四章探讨的基本问题。康德主义的基本结构将一直保留下去，这一点从以下内容中清晰可见：

> 凭借前一环节，自我意识就是意识，感性世界的整个范围都为它保存下来了，但同时它只是作为与第二环节，即意识与自身的统一相联系时才是如此。（第167段）①

这段话以及所有的第167段内容都表示，黑格尔的确在考虑对前三章所发展起来的自我意识（整个感性世界）问题的回应（任何可能关涉客体的关系中与自身的内在关系是什么？），他坚持常识判断，认为不管我们对自我规定的自我意识的描述如何，它都不是完全自主或独立的自我关联；"感性世界"必须得到辩护。

但在这一点上，他突然提出了一个更具争议性、让人几乎毫无准备、完全不可辨认的康德式的主张：

> 自我意识的现象与它的真理性的这种对立只是以

---

① 同样见《柏林精神现象学》："在意识中，自我同样是自我意识，但也只是因为客体本身有一个方面不是自我的。"（*BPhG*, 56）

真理性,亦即以自我意识和它自身的统一为其本质的;这种统一必须成为自我意识的本质;这就是说,自我意识就是欲望一般。(第 167 段)

黑格尔在这里谈论的是现象与真理之间的"对立",因为用他自己的话来说,[28]他只是这样总结了意识与世界及其自身的"否定"关系:

> 对自我意识来说,他是在作为一个存在或作为一个被区别开来的环节而存在的,但是自我意识本身和这个区别的统一对它来说也是作为第二个被区别开来的环节而存在的。(第 167 段)

也就是说,意识可以说是隐含地肯定了某些意向内容的解释,因为它已经(通过自己的"获取")否定了任何假定的直接确定性,它也总是"超越自己",最终"与自己统一",它满足于它所获取的内容是如此这般的,并且可以与它所获取的其他一切相结合,要求"与自己统一"的成就,而不是任何的直接确定性或自我关注。(这是他对康德观点的回应,即统觉的统一必须实现;正如康德所说,内容必须被"带到"统觉的统一中。)

但是,在这一点上,他对"自我意识就是欲望"这一修饰性的说明仍旧没有多大帮助。这种粉饰似乎是一种同位语,"这种[自我意识与自身的统一]必须成为自我意识的本质"。当黑格尔暗示我们需要把自我意识理解为一个要成就的统一体,第一个提示性的实践转向就在这里出现了,在自我意识和自身之间存在着某种"对立",某种自我疏离,他似乎在暗示,我们应该去克服这一点。自我意识与自身的统一必须成为经验主体的必要条件,这句实际上几乎不被注意的短语在实践上的转变,成为讨论突然而深刻实践化的支点。(正如我们将会看到的那样,由于与另一个对立的自我意识存在者的假定相遇,这种统一最终会更加确切地"变得必不可少"。[29]显然,我们在日常生活中可能会对某人说:"你在浪费晋升的机会,职业生涯对你来说必不可少。")

如果黑格尔刚刚能够指出人类的欲望是自我意识的欲望(他当然也是这样认为的),那么这里就不会有问题,或者不会有太多问题。这将表明,自我意识的欲求者在偶然和孤立的欲望时刻并不会欲求;他们根据自身所欲求的其他事物来欲求,一方面,这仅仅是一种表示欲望本身是自我意识的方式(不是说人类的欲望如同动物一样,而是说,"于是"它也可以是自我监控）。但黑格尔思辨的"反向"预测需要更深层次的解释。

由于普通的经验意识的自我意识更像一种自我规定，或者说一种决心或承诺（费希特称之为自我设定［self-posi-ting］，而不是简单的自我观察或直接意识，黑格尔开始再次讨论意识作为对世界独立性和他者性的"否定"。他的意思是说：我们只是积极地参与世界，通过分辨什么归属其中和通过变化追踪客体等方式来克服呈现给我们的不确定性、不透明性、外在性、潜在的混乱和不连续性等等。① ［30］接着，黑格尔又做了一个意想不到的举动，他建议我们考虑这种最简单和直接经验的争斗或无意识的自我，他称之为"生命"：

---

① 自我俨如一洪炉，一烈火，吞并消溶一切散漫杂多的感官材料，把它们归结为统一体。这就是康德所谓纯粹的统觉（reine apper-ception），以示有别于只是接受复杂材料的普通统觉，与此相反，纯粹统觉则被康德看作自我化（Vermeinigen）［外物］的能动性。Enzyklopa?die der philosophischen Wissenschaften, Erster Teil. Die Wissenschaft der Logik, in Werke (Frankfurt: Suhrkamp, 1969–79), Bd. 8, p. 118; Hegel's Logic, Being Part One of the Encyclopedia of the Philosophical Sciences, trans. W. Wallace (Oxford: Clarendon Press, 1982), p. 69. ［译按］中译见黑格尔，《小逻辑》，贺麟译，商务印书馆，2011，页122。

通过这种自身反思,客体就成了生命。那被自我意识作为存在着的而与自己区别开来的东西,即使它被建立为存在着的,也不单是在自身具有感性确定性和知觉的方式,而且也是反思到自身的存在,而那直接欲望的客体就是一个有生命的东西。(第168段)

这是当人们参与世界时,对自身不一致问题的最基本的经验。[①] 正如黑格尔所说,我们从现在知道我们需要的东西开始,"自身反思",我们的问题是:我们应该如何恰当地描述意识意向性最终的能动性所必需的自我关联的自我,并给予最广泛可能性的指示,即它自己单纯的生命。我们有一种类似于将自我视为活生生存在着的情感,正如我们将要看到的那样,我们也是需要有所成就的,要求活着的人为了活着有目的地行动。其他客体现在也不仅仅是外部的存在者,"不仅仅是感觉确定性和知觉的模式"(尽管它们也是如此),但为了超越"我是思考这些想法的人"的空洞形式,它们现在也被认为是活生生存在的主体的客体,是对这种生命维持的威胁、手段和漠不关心。这种野蛮或简

---

① 也就是说,预先假定最少的那个。

单的自我生存意识(我们与动物分享的自我关联形式)将不会长期成为黑格尔关注的焦点,但是如果黑格尔确实试图扩展意识章节中提出的问题[31](既没有改变主体,也没有以一种权威的方式重复问题和渴求东西),这已经表明了刚才的说法:他正在迅速远离康德对意识感知性质的先验形式分析。对于康德来说,自我在意识中是"自为"的,只有在这个意义上,自我(无论是谁或无论是什么)必须能够伴随着我的一切表象。这个世界被经验为绝对有序的,这是因为自我在某种程度上对它进行了秩序化处理(我以这样的方式思考它),而这种活动不仅仅是由经验的感官内容引发的。自我为之负责,但自我这样做只是在广义的形式意义上暂时统一和接受意识的内容,将一切意识内容置于一个形式上统觉的统一之下。(这仅仅意味着每一个内容必须使自我能够连续地思考。)"自我"只是实现了的统一。主体和客体的关系只有在这种意义上才是一种自我关联,黑格尔引入了一种看似不同、起初是任意的形式转移了主题,从而维持我的生命作为这种自我关联的基本或第一或最主要的模式,而不仅仅是维持表象的连续性和连续的表象之间的区别。

现在,关于生命的主要讨论集中在第 168 段到第 174

段,这是黑格尔(说的一些事)所有段落中最晦涩难懂的内
容。我应该指出,我在这里需要的是黑格尔的基本框架,在
这个框架中,黑格尔开始认为,伴随着我们的"反思转向",
意识开始与生命有关。然而,作为活生生存在着的自我关
联并不仅仅是作为一种生活的自我情感或作为一种维持生
命的情感,它并不能确立我作为一个个体接受和知道我确
定的生活。我只是我所属物种的物种需求的一个例子,
[32]在作为属的生命本身的无限"总体(totality)"中表现
出来。仅仅通过活着,我只不过是生命中普通过程的一个
环节,一种谢林式的普遍性(谢林这样来谈论生命)。但整
个框架自始至终是:自我意识的第一个客体是生命。也就
是说,黑格尔并没有突然决定谈论生命,并单纯谈论生命。
正如他多次说过的那样,他想把生命理解为欲望的直接客
体(自身是最直接的自我关联形式),一种打开缺口的自我
情感,一种否定的东西需要弥补(面对生命的需要,需要否
定生命的阻碍,否定停滞不前的东西)。也就是说,我认为
第 168 段引入的一个要点是:正如他所说,在这种自我关联
中,"自我意识和生命"之间存在着"分裂(Entzweiung)"。
通过"生命作为欲望客体的永恒普遍物质"的现象学,黑
格尔一直在指出的问题是,在什么条件下,自我关联可以

说成为一种与自我相关的关系,成为与我的关系,成为普遍的属－生命中的区别。我似乎只是服从于我的物种生命的需要或需求,我不是满足于我的欲望,而是服从于我的欲望。

前三章已经确立了理解某种规范自主的必要性,这种自我关联、生命和进行生命的第一个现实与这一要求相冲突,除非这样一个主体能够确立其独立于生命的地位。对我这里的论述来说,重要的是这个"成为规定性"描述的过程,直到它在第 172 段的末尾开始进入结论,直到"分离出来的独特性中之普遍的流动性"。这种自我规定的个体必须能够建立起来,[33]这尤其需要与另一个认识到同样自我关联的主体建立一个不同的非自然关系。这将是第二章的主题。在这之后,黑格尔难以表明的是,为什么如果没有外部协调者的内在中介,也就是说,没有与另一个自我的自我关联,这一切都将失败,一个典型的黑格尔主义即将破产。①

这种向生命主题的转变也不是武断的,因为黑格尔一

---

① 对此的不同评论,见 Neuhouser, "Desire, Recognition, and the Relation between Bondsman and Lord", p. 43。

直反对,并且在其职业生涯中一直反对"我思"中的任何"自我"的观点,认为这仅仅是"我或他或它"思(用康德的话来说)的形式标志。不同于康德的观点,黑格尔认为,虽然我们可以通过从对这样一个主体的任何规定性中抽象出来,并继续探索这样一个统一的条件,可以肯定地对经验中统一的必要性提出一般性观点,但是,如果我们在经验主体的概念中没有更多的规定性,我们将不会在具体说明这种条件方面走得更远。这种批评与迄今为止对康德第一批判最普遍的不满(黑格尔所认同的)有关,这种不满至今仍是其最大的弱点之一:康德范畴表的任意性。他无法从"'我思'必须能够伴随着我的一切表象"推断出我必须思考的是什么,它必须采用什么形式来思考它的表现形式。对黑格尔来说,康德"我思"的虚无直接与他的范畴表的无基础和任意性联系在一起。①

———————

① 黑格尔对这一点的表述是在第 197 段中以他自己的独特语言风格给出的:

> 思并不意味着作为一个抽象的我来思,而是作为一个同时意味着自身存在的我来思,也就是说,它在它自己的眼中具有作为一个客体的意义,或者以这样一种方式相对于客观本质而言,它的意义是它所代表的意识为自身而存在的意义。

[34]然而,理解这一批评让我们深入黑格尔对康德形式主义的批评中。我们现在需要更清楚地了解黑格尔的意见,而不是看他拒绝了什么。让我先完成对第四章的简要总结(一旦我们开始这样阅读),然后看看我们现在处于何处。

三

正如我们已经看到的那样,如果一个自我意识的意识被理解为以某种方式努力,那么这种努力的最直接体现将是一个自我对自己作为一个生命体的关注。① 这就是它直

---

① 这与另一个广泛流传的观点相关。黑格尔并不是根据遗传因素;从一个仅仅有意识的状态到一个自觉意识的状态,其中没有任何历史事实的发展。但是《精神现象学》的"现象逻辑"的发展结构有助于强调,没有人仅仅这样感知意识(至少没有一个类似于康德对形式主义坚持的那样一个扭曲的极端抽象)。一个人在某种结构性方式或其他方面感觉到有意识,以一种方式而不是另一种方式接受挑战并"超越自身"。如果感知意识最终要成为一个人为之负责的主张的制造者,那么他就必须在一个位置兑现它们,从这个意义上说,作为一个感知主体,总是以某种方式而不是另一种方式参与、承诺实现这种兑现。这或多或少会成功,因此成就或多或少会实现。(黑格尔认为,在

接与其他客体相联系的方式。[35]像动物一样,活着的生物不像非生物(如石头或电话)那样仅仅以存在的方式存在;它们必须努力保持生命,所以我们有了第一个欲望之物的例子,一种与客体相关的自我关联。生命必须被引导、维持,而我现在的生命与未来必须做的维持生命的事情之间的这种差距,通过把意识的欲望称为贫乏或差距,从而把客

现代性之前,这种实现几乎是完全隐含的,几乎无法实现。)虽然在逻辑层面区分能力和实现显然是可能的,但是黑格尔一直在继续扭曲,这种扭曲由将某些能力的内容问题和实现严格分开造成。比如《法哲学原理》的第一段。"The subject matter of the philosophical science of right is the Idea of right—the concept of right and its actualization", *Elements of the Philosophy of Right*, ed. A. Wood, trans. H. Nisbet (Cambridge: Cambridge University Press, 1991), p. 28. [译按]"哲学的法学以法的理念,即法的概念及其现实化为客体。"见《法哲学原理》,邓安庆译,人民出版社,2016,页18。这有可能通过记录当时环境中有多少关于规范性和意向性的实际概念来确定这一阅读方法的合理性。我已经指出了这一章出于对费希特的感激之情。西普(Ludwig Siep)已经清楚地确定了,在后面关于承认的章节以及他的实践哲学,黑格尔多大程度上受益于费希特。见他的 *Anerkennungals Prinzip der praktischen Philosophie* (Alber: Freiburg/Munich, 1979)和 *Praktische Philosophie imdeutschen Idealismus*(Frankfurt a. M. : Surhkamp, 1992)中的许多重要论文。

体否定为障碍或单纯的物。① 如果意识和欲望可以像黑格
尔所希望的那样紧密联系在一起(也就是说,同一的),那么
意识就不是一种有意识的生存之物的一种可分离的记录和
反应能力。[36]如果这一切能够建立起来,那么我们在这
一步将不再把自我意识视为一种对过往演出的自我意识的
旁观者,而将它视为更接近于一种投入表演的实际存在,它
对欲望的实际满足对于理解世界最初对它有意义的方式
(它理解世界的方式)是必不可少的。黑格尔认为意识是欲
望,而不仅仅是伴随着欲望。(显然,这一主张与海德格尔
的观点有深层次的相似性,海德格尔坚持认为此在的独特
方式是操心,并且他始终认为,这与一个主体将它的实用主
义关怀投射到一个假定中立的、直接理解的内容无关。)

在某些方面,黑格尔试图摆脱关于生物和欲望的非常

---

① 皮尔士(Peirce)的读者会在这里认出他的"第二性(Second-
ness)"的范畴,正如"你有一种抵抗的感觉,同时也有一种努力的感
觉……它们只是描述同一经验的两种不同方式。这是一种双重意识。
通过意识到非我,我们意识到了自己"。C. S. Peirce, *Collected Papers
of Charles Sanders Peirce*, vols. I - VI, ed. Charles Hartshorne and Paul
Weiss (Cambridge, Mass.: Harvard University Press, 1931 – 35), I, p.
324. 对实用主义与黑格尔关系的一项极好的探索:Richard Bernstein,
Praxis and Action (Philadelphia: University of Pennsylvania Press, 1971)。

笼统且抽象的观点,并具体化欲望的独特性,正如他所说的那样,这被认为是"自我意识"。也就是说,他希望将仅仅是欲望自然表达的行为(以及仅仅服从欲望的存在者)和仅仅是自我情感相对应的自我意识,与为了满足欲望而采取行动的行为区分开来,后者不仅体现了存在者的自我情感,而且可以说是基于这样的自我概念而行动。他希望将自然或动物的欲望与人类的欲望区分开,因此试图将动物中不断出现和消退的欲望和满足的循环,与它们的欲望可能成为关注客体、利害攸关的问题、最终是否采取行动的原因区分开。这发生在第 175 段中一系列非常迅速的转变中,黑格尔开始将纯粹欲望和满足的循环与满足区分开来,[37]这种满足可以确认意识的真正自我关联的性质,而不仅仅是自我情感。①

也就是说,我们已经看到黑格尔所描述的结构中的一个关键方面:任何自我关联总是以一种暂时的和向外突出

---

① 最终,在他的论证的某个阶段,黑格尔(和我)将开始把"欲望"仅仅指向人类欲望,而他是从一个仅仅是"动物"的欲望概念开始的,这个概念已经为稍微粗糙的词 Begierde(例如,不是 Begheren)所暗示。应该清楚在不同语境中的用途,偶尔提醒一下,他认为人类欲望在质上是不同的,他的现象学的一个主要观点就是要明确这种区分。

的方式,超越任何单纯自我获取(self-taking)的即时直接性。任何类型的有意识的获取都是可废除的,并作为可能性保持开放,因此必须对此进行检验;公开承诺必须在行动中实现,才能实现公开承诺的意图(从而揭示主体实际上致力做的事)。通过对生命所需的欲望客体的"否定"来实现对单纯生存的自我的预期的自我情感,这是服从欲望并满足欲望无限循环的一部分。这一切在这一段(第 175 段)的结尾开始发生变化,黑格尔设想了一种独特的客体,它在某种意义上"否定过去",不仅是以一种抵抗捕食者的猎物的方式,还可以像黑格尔所说的那样"影响这种否定本身";或者说,进入我们渴望的自我意识所要求的自我关联。也就是说,黑格尔将任何自我关联的另一种自我意识的"满足"条件引入其中,这种客体不能仅仅在继续生存的过程中被摧残或否定,而原始的自我意识却不会失去其确认或满足的环节。[38]然后,黑格尔确定了这种区分的另一个条件,这也许是《精神现象学》中最著名的说法。

就是这个:"自我意识只有在另外一个自我意识里才得到它的满足。"(第 175 段)他在第 178 段一段类似的话中详细说明了这一点。"自我意识是自在自为的,这是由于并且借助于它对一个自在自为的他者而存在;这就是说,它只是作为一个被承认者而存在的。"

正如我们将在下一章对这一观点详细的分析中看到的那样,黑格尔想要把一个复杂的问题引入他试图展示的自我关联的任何描述中,这就是意向意识和目的性行为的构成。正如我们已经看到的,意识被视为"超越自身"的,因为它的自我关联的自我规定总是不可行的(或者在行动的情况下是有挑战性的),因此他在自我关联中以某种方式对这种可能性"保持开放",这被认为是一种构成条件。从最广泛的意义上来说,这意味着这种获取和行为是有理由支持的,即使大部分是以非常含蓄和很少受到怀疑的方式。(有意识的获取总是可以"上升"到明确判断和判断的辩护的水平;必要时可以为习惯性行为辩护。)黑格尔现在提出了这样一种可能性——鉴于他设定事物的方式,这是不可避免的——所有这些考虑都是向其他有意识的、行动的存在者提出的独一无二的挑战。在黑格尔看来,这种挑战最初可以被认为仅仅是各种形式的欲望满足方式中更自然的障碍。但是,通过带有想象性地考虑这种挑战的可能性,这个问题被推向了极端(在这种情况下,对生命的依恋和仅仅服从欲望可以说是一种选择),黑格尔试图展示的是一种"殊死斗争",这种来自另一个具有相似意向的人的这种挑战的

独特性质,是如何迫使一个人的获得和实际承诺的规范性
[39](或者不仅仅是自然可解释的),以及任何可能的回应
都会成呈现在面前。然后,表现出规范情感的不仅仅是对
这些独特的挑战持开放态度,而且最终依赖于它们的某种
解决方案。正是在这种叙述的基础上,我们如何能够表现
出对这种挑战和依赖性的开放只是对知觉问题隐含的"现
象学"思考的结果,黑格尔开始尝试建立《精神现象学》最
雄心勃勃的观点之一:意识和行动的社会性。

四

　　在结束本章之前,让我在这里停下来考虑一下麦克道
尔对这种阅读方式的反对意见和他的替代性解释。他说,
在第167段至关重要的开头中,"这里没有任何关于意识模
式的具体内容,只有在它们被视为有利于或阻碍其目的的
情况下,才能看到它的目标",①他认为我的阅读将欲望的
概念"过于字面化"。我的回答是,不存在多少字面理解的

---

　　①　McDowell, *AI*, p. 38.

问题,通过使用欲望这个词,黑格尔直接的目的是引入欲望这个主题作为他对意识讨论的延续,并继续在这个基础上讨论生命作为欲望的客体以及欲望存在者之间的斗争,最终除了一个主体与其他主体的关系外,[40]不能理解这个主体与自身和世界的关系。① 麦克道尔反对这种阅读的论点大部分是由他认为更为可信的替代阅读组成的。

但是他的方案也依赖于黑格尔对康德先验演绎的阅读。我们应该从那里开始,就像他在"主人与奴隶"一文的开头所做的那样。康德认为范畴是客观有效的(有综合的先验知识),尽管范畴是任何可能经验客体的可能思考能力的主观条件,但也是"任何直观为了成为对我而言的客观都必须服从的条件"(B138)。如果他能证明这一点,他就能证明范畴的秩序不仅仅是"强加"在直观材料上的。为了更

———————

① 这种将自我意识本身视为欲望的说法并不是耶拿时期《精神现象学》或所谓青年黑格尔独有的。在相对较晚的《柏林现象学》中,他这样说:

由于这种相对于客体的自我确定性,抽象的自我意识因此构成了假定它是什么的驱动力;即赋予自身的抽象知识以内容和客观性,反过来,将自身从感性中解放出来,扬弃既定的客观性,并将这种客观性与自身等同起来。(BPhG, 59)

充分展示这一点（对于麦克道尔［以及黑格尔和我］来说，这只是他在第二版演绎中开始做的），他必须避免这样的反对意见，即尽管人们可能认为被视为思维（或判断）客体的客体必须符合统一的范畴条件，但可以想象，他们对感性简单给定的条件可能不是统一的范畴条件。麦克道尔认为康德在这里偏离了正轨，他开始证明这种渴求得到的事情（但不是这样），[41]试图证明对于我们的直观条件（作为主观形式的时间和空间），这种可能的对比不可能发生，在这种主观条件下不可能有跟知性要求不一致的客体。这引出了我们的主观形式，然后麦克道尔对结果进行"主观化"或理念化，并证明了只有"现象"的结果才是真实的，考虑到这些准事实的、人类特有的感性形式，麦克道尔（以及黑格尔和我）希望消除这种物种特有的"限制"。

　　如何才能做到这一点？我们可能只是直接分析或分离出一些标准，如果没有这些标准，就无法区分看起来是怎样的东西和事实上是怎样的东西，从而无法经验到确定的客体。一个标准可能是对事实上同时存在的事物的各个部分的连续感知之间的可区分性。我们可以说，发现这种区分是必要的，然后表明我们的范畴条件允许我们做出这种区分，从而可证明麦克道尔所说的客观和主观之间的正确的

"平衡"。如他所说,"坚持认为客观性的概念只能被理解为[主观]结构的一部分,并不意味着放弃独立的真实,并倾向于主观的推断"。①

如果在这一点上仍有人抱怨说,我们仍然只能证明我们需要这种区别,而不是证明客体必须展示这种区别,那么我们可以像黑格尔在他的导言所做的那样做出一些回应:[42]这几乎要求用除了我们所知道的任何方式外,来考虑这个世界是什么。没有这个区别,经验中的客体的概念就是不连贯的,是完全停止的。

这就是麦克道尔称之为"非正统"阅读《精神现象学》自我意识这一章的背景。他说的很多话适合许多段落。人们似乎经常把一个单独的主体视为分析客体,好像努力在感知理智的自由运动和同一主体的经验的依赖性和接受性之间建立正确的平衡。这种依赖性可以首先被认为是对这种自我意识的某种"他者",甚至通过主体自身的情感从外

---

① McDowell, *AI*, p. 37. 这是一种奇怪的说法。但人们可能会说,当一个人应用黑格尔关于如何解释第二版演绎中发生的事情的建议时,他所得到的一切都被理解为避免主观唯心主义的一种方式。这非常类似于斯特劳森(Strawson)在《感觉的界限》(*The Bounds of Sense*, London:Methuen, 1966)中对《纯粹理性批判》所做的解释。

部约束这种自我意识。但正如黑格尔所说,意识可以说是
"意识到"这样一个假定的另一个人本身就是另一个自我意
识,而不是被动的或仅仅是接受性的"他者",这样一个可感
知的维度是它自己与世界的自我意识关系的一个方面。这
一切都将被呈现为一种戏剧性的黑格尔主义"表演"了康德
在 B160 中著名脚注的内容,①在此他显然模糊了自己的直
觉——知性的二重性。[43]以一种类似但更具戏剧性和权
威性的方式,黑格尔打破了感性的理解条件和清晰、可分离
的感性直观形式之间的严格对立。他以独特的方式做到了
这一点:首先把这场斗争描绘成一种极力否定、否认和拒绝
的行为,以至于试图"扼杀"自己的生命(为获得承认而进

---

① B160 的脚注:

空间在作为客体被表象出来时(我们在几何学中实际上就
需要这样做),就包含有比直观的单纯形式更多的东西,这就是
把按照感性形式给出的杂多统摄在一个直观表象中,以致直观
的形式就只给出了杂多,而直观的形式却给出了表象的统一性。
这种统一性,我在感性论中曾仅仅归之于感性,以便只注意到它
是先行于一切概念的,虽然它是以某种综合为前提的,这综合不
属于感官,但通过它,一切有关空间和时间的概念才首次成为可
能。[译按]中译见康德,《纯粹理性批判》,邓晓芒译,商务印书
馆,2004,页107。

行的殊死斗争),然后征服它(主人和奴隶的关系),再慢慢
地逐渐意识到它的身份(作为自我意识主体)和它想否定和
支配的东西。①

　　进一步看,正如麦克道尔所说,确实存在一个深层次的
"结构性"问题(从前三章来看仍是如此)。黑格尔继续试
图说明为什么客体的"否定"不能是简单的消失(或者用康
德式的语言"主观强加"),无论这是外部的还是内部的客
体。这样的他者必须是"扬弃(aufgehoben)"、保留以及否
定,但是麦克道尔再次将所有这些解释为心理学内部的问
题,[44]其中后一个问题仍然是自我意识与自身的适当关
系,尤其是与释放自己感性能力的关系。这一切都正确揭
示了麦克道尔所说的讨论中的结构,但我认为不必要将黑

_____

　　① 麦克道尔支持的一点:随着黑格尔超出主奴关系的讨论,焦
点似乎是被疏远的自我抓住的内心安慰,这就是廊下主义、怀疑主义
和哀怨意识。反对的一点是:这些似乎都是需要安慰的,因为对立的
自我意识的社会地位不令人满意。另一个支持的方面是:从自我意识
部分直接返回为理性与世界的关系,在这种情况下,在世界上"理性发
现了自己的确定性"。对我来说,反对这一观点是因为,这种假定的充
分理性本身(另一种安慰策略)失败了,需要在意识-自我意识转变的
一种重复中(在第五章到第六章的关系中),于第五章末和在第六章中
转向一种实践的和社会上有争议的理性权威概念。

格尔所说的东西形式化,从而淡化了黑格尔所谈论的内容,这样一来,欲望、生命和否定在麦克道尔的描述中只能作为结构的例证而被采用(尽管同样可以肯定的是,他肯定它们也是对的)。以我所见,在麦克道尔的阅读中,黑格尔正在用几个图形、例证和插图,甚至"寓言"来扩展和发展,这是我们现在知道的前三章结束时的需求。用他自己的话来说,这推进了黑格尔的论点,因为它进一步澄清了,甚至戏剧化了任何这种潜在的平衡都需要什么,但是我已经试图表明为什么我认为这个问题不能被孤立为一个意识中正在发生的故事。

也就是说,我认为即使在对麦克道尔正在考虑的心理学内部问题的解释中,黑格尔也已经设置了一些东西,以至于自我意识不能"在自己内部"发现自身(或者它的"统一性"或者是它带有情感释放的"均衡性")。与前三章中作为主题出现的客体相关的自我关联不与任何种类的客体相关,因此不涉及对任何事物的把握。(也就是说,世界的主体不是世界上任何一个物体。)无论意识中主体和客体之间有什么平衡,当黑格尔宣称在知性的客体关系中,知性只发现了自己,这将会破坏他对从任何意义上导入意识模型所取得的成就的理解。根据黑格尔的观点,这种自我关注总是透明的,[45]是一种"向外"的投射,在黑格尔看来,这就是本质上的否定或超越自我的环节。在诉说我的想法(甚至对我自己)时,我没有诉说任何关于我的事情,而是我认为真实的事情。意识到我所渴求的和正在渴求的我,我并没有诉说一种情感状态,而是宣称世界上可能会有一个行动计划,①正是在这个世界上,欲望需求和满足的自然循环将会在稍后被打破,这对于《精神现象学》的其余部分来说具有决定意义。

我想在下一章谈论这种社会性,但要预料到,麦克道尔抱怨说,当黑格尔在第175段中提出"自我意识只有在另一种自我意识中才能得到满足"时,他并不打算开始描述与他人的相遇,因为那会让最初的困惑仍是一个谜。在黑格尔那里,这个问题是感性世界的另一面,以及如何克服它(简单地说是了解它,但不要把它变成另一个想法)。他认为,如果我们把"另一种自我意识"当作第二个人看待,那么所有这些似乎都被忽略了。麦克道尔问道:"'整个感性世界'发生了什么事?"②因此,他的结论是,"自我意识"中的

---

① 只是"可能",因为我显然会有我想不到要满足的欲望。
② McDowell, *AI*, p. 41.

"另一个自我意识"只在另一个自我意识中获得了满足,必须仍然指的是一种单一的自我意识,现在意识到自己是自我意识,在这个意义上,是另一个自我意识。①

[46]但是黑格尔一直很清楚,他对与客体相关的自我关联感兴趣。这个问题没有消失。它一直作为其他理论的背景,并且已经根据生命的欲望客体的目标重新制定。黑格尔特别提醒我们,我们不应像以前那样想象整个广阔的感性世界,尽管它仍然以与以前相同的方式"在那里":

> 那被自我意识作为存在着的而与自己区别开来的东西,即使它被建立为存在着的,也不单是在自身具有感性确定性和知觉的方式,而且也是反思到自身的存在,而那直接欲望的客体就是一个有生命的东西。(第168段)

---

① 因此,为了尽可能清楚地陈述这种分歧,当黑格尔在第177段中说,"一个为了某个自我意识的自我意识","只有这样,自我意识才实际上存在;因为在这里,对自我意识才第一次形成了它自己在它的他者中的统一",麦克道尔认为,只有从自我意识的依赖和独立的逻辑角度来理解主客体关系,我们才能理解"自我在他者中的统一",这是我们自第一章以来一直在寻找的我认为黑格尔声称主体和可感知的客体之间的关系总是会产生"不满",这只有在主观和其他这样的主体之间的关系中才能得到解决。

这似乎清楚地表明,新的意识"客体本身(如在知觉一章所发现的)不是观察客体,而是"生命"。因此,它与世界的关系将会是与生命客体相关的自我关联。没有理由认为黑格尔的早期表述将会是他的最终结论。在《精神现象学》第五章前半部分关于观察理性的讨论中,感性世界在与一个客休的自我关联中的地位问题将会再次出现,这个问题将从更高层次上表述。[47]在这一章中,黑格尔从现象上证明了说明这种自我关联的必要性,它主要关注这一点。他并没有忘记感性世界。①

---

① 　随后的一篇论文非常清晰地表述了麦克道尔担心的事,这是对斯蒂芬·霍尔盖特批评麦克道尔对自我意识章节解读的回应。麦克道尔说:

> 现在,我的阅读受到了这种思想的控制:在这一发展过程中,黑格尔当然不是有意放弃了最初出现对立的形式,这是一个在经验可及的现实和主体意识之间的对立。在这种发展之后,双重客体作为一种生命的自我意识出现,必须以某种方式代表客体环节,就像它在对立的第一次出现时表现的那样,在那里它是"整个广袤的感性世界"。否则,在第一章的开头,对立的形势如何能成为黑格尔所说的自我运动的一种方式呢?(*Owl of Minerva*, 即将出版)

最后,简短地说,麦克道尔迎来了他的阅读中最难以解释的一段,在第177段中,黑格尔说"精神这一概念已经在我们手头了","一个为了某个自我意识的自我意识"(我注意到,黑格尔说一个自我意识为了另一个自我意识而存在,尽管麦克道尔可以宣称,我们所认为的不统一的主体在这一点上是如此不统一,以至于其另外的自我可以作为另一个自我出现,[48]这是一种认识论上的精神分裂症)。② 用

如前所述,我试图展示的是:黑格尔在知性一章中的"意识"发现它真正的客体,事实上当它所知道的是它自己时,心灵世界关系的整个逻辑发生了变化。然后,在另一个主体的存在下,(与自身的)关系在与世界的关系中会发生变化。黑格尔没有改变主体,而是继续探索客体意向性的条件。

② 他在通信中说:

> 但这也是我阅读的一部分,那就是确立自我意识的独立开始于认为两种自我意识正在发挥作用。(它关心的是保持其独立性;所谓的其他意识是依赖性的;它看不出独立性和依赖性是如何结合在同一个意识中的。)如果事先应该清楚只有一个自我意识在发挥作用,那么阅读将毫无意义。

在对霍尔盖特的回应中,他写道:

> 在其"经验"的那些片段中,其意义正在发挥作用的病态自我

一句著名的话来说,黑格尔在这里标志着"我即我们,我们即我"这一现象的到来。麦克道尔对此有两点看法。第一,在"关于精神的概念已经出现在我们眼前"这句话中,黑格尔清楚地表明,"精神"仅仅指(在这一点上)一个"和我一样是客体"的物体,即我们留下了一个自我或主体的客观化概念。第二,黑格尔可以被解读为只是预见即将到来的吸引人的事物,注意到精神自身经历的全部现象将会在以后出现。②

诚然,黑格尔在这里强调的自我意识的自我并不是一个客体,但是首先,黑格尔在全文中说:"因为一个自我意识是[另一个自我意识]的客体,[49]客体既是一个客体也是自我本身。"

在这篇文章的上下文中,我似乎不可能把这(第177段)理解为自我意识本身就是一个反思的客体,不需要提及

概念被殊死斗争的图像和主人和奴隶的关系形象生动地捕捉到。

我发现这则寓言的表面细节令人困惑:黑格尔描绘了一个如此"病态地"抵制其感性依赖的单一主体,以至于在一种精神分裂的狂热中,它试图杀死或消除这种依赖本身。为什么感知理性和依赖客体的情感之间的"对立"意识经验会促使这种激进的,甚至"病态的"自我剥夺?

② McDowell, *AI*, p. 42.

另一个自我意识。(再次注意,这里是使用的是"一个自我意识",而不是"自我意识"或"这个自我意识"。)这是一种可能的阅读方式,如果一个人仅仅根据前面第176段的话来描述这个问题。这一点在文本中已经发生了转变。在第175段中,黑格尔已经指出,我们可以说,"思想和世界"的模式——或者用他的话来说,"主体和客体"——掩盖而不是帮助揭示意识所必需的自我意识的本质。在这个模型中,欲望是自然过程的一种表现,并没有实现真正的意图:

> 自我意识不可能凭借它的否定性联系而扬弃客体,所以它毋宁一再产生出客体,正如它一再产生出欲望一样。(第175段)

这一说法是他推断一个全新的"客体"的前提:

> 由于客体的独立性之故,只有通过客体自己在自己身上实现否定,自我意识才能获得满足;而客体必须在自己身上实行对它自己的这种否定,这是因为它自在地就是否定性的东西,并且它必须为了那个它所是的他者而存在。由于客体在自己本身中就是否定性,并在其中同时又是独立的,它就是意识。

　　这似乎清楚地表明,为了成功或满足,这种否定必须"反映"回自我意识;[50]人们的主张不应当仅仅产生顺从的同意,而应被承认为权威。一个客体,或自我意识本身,在它自身(或与它自身)中若不能实现这一点,也就不能实现"必须成为它的本质"的统一。因此就有了著名的结论:"自我意识只有在另外的自我意识中才得到满足。"

　　此外,麦克道尔没有解释为什么黑格尔会通过说精神(Geist)来粉饰那个说法("不仅把真实的东西统握和表述为实体,而且同样统握和表述为主体"),精神当然确实意味着某种主体性的公共概念,它应该是对那句话的粉饰。①此外,这样一种公共的精神并不只被说成以后要讨论的东西。它现在在这里是"现存(vorhanden)",根据麦克道尔的解释,为何能这样说呢?

　　实际上,对于麦克道尔的解释来说,最难理解的不是第177段,而是第182段:

————————————

　　① 麦克道尔引用了第17段和第790段两段话,黑格尔在这两段话中的确同时谈到了实体和主体、客体与主体,但是没有一段可以作为替代或认知精神的证据。我认为黑格尔在这里所说的意思是"我即我们,我们即我"。

但是,自我意识与另一个自我意识相联系的这种运动,以这种方式就被表象成了一方的行为;不过一方的这个行为本身具有双重含义,即它同样也是作为他者行为的它的行动;因为他者同样是独立的、自我封闭的……每一方看见他者做它所做的同样的事;每一方自己做他者要求它做的事,因而也就做他者所做的事,而这也只是因为他者在做同样的事;[51]单方面的行为不会有什么用处;因为要做的事情只有通过双方才能实现。(第182段)

我想可以继续认为,黑格尔在这里仍旧谈论的是单一自我意识的两个方面,不管是感知的或经验的自我,还是发现自己不是客体而是主体的主体,像"每一方都看到对方和它做着同样的事情"这样的话仍是"寓言式的",但是我认为有比麦克道尔引用的证据更多的文本和系统证据来支持非寓言式的阅读。

五

那么,这一切留给我们的是什么呢? 总的来说,我们有一幅自我或经验和行动的主体与自身远离或分裂的画面(正如黑格尔所说,没有一个"统一"使其"必须成为它的本质"),但现在却是以一种与柏拉图分裂的灵魂非常不同的方式被构想出来,在争夺灵魂整体统治的过程中被划分出不同的"部分",并且以一种与其他形式的形而上学二元论非常不同的方式被构想出来,也与弗洛伊德区分意识和无意识的思想,或者明确地区分黑格尔(和席勒)和康德的本体和现象自我概念非常不同。黑格尔对待分裂的方式有点类似于卢梭,这种思想也要归功于卢梭。因此,他认为这种分别不是从任何关于事实的历史意义上看的,而是对自然的或无意义的统一的破坏,而这种统一必须总是已经产生,并且只能被正确理解为已经产生了影响。这种划分在黑格尔那里发挥了作用,就像在其他地方一样,[52]它不是人们不断渴望统治或成功镇压的源泉,而是对整体的渴望,而这往往是对人类生活更广泛哲学思考的主题。黑格尔不接受柏拉图、笛卡尔或康德关于混合二元论的描述,因此,他怀有在这种分裂中实现真正和解的愿望。黑格尔就是这样,他不把这种划分当作形而上学的事实。统一问题的出现不是因为发现了一个事实,即灵魂分裂,而是因为意识到什么是我的能动性的一个方面,什么是对它的阻碍,什么是对自由的限制,这在不同的条件下是不同的问题。有鉴于此,在黑格尔于本章提出的条件下,欲望和满足的自然循环以一种没有直接或自然解决方案的方式被中断,并且由于这种假定的不可避免的冲突,人们作为主体、法官、能动者的地位现在据说在不同程度上出现,在各种可能的条件被想象。这个内容的前提是我们以前所看到的。黑格尔的说法是,意识必须永远被认为是"超越自身"的;更宽泛地说:我们必须理解人类的自我关联,一如既往地理解向外的投射和向内的转向。一旦我们把这种自我关联理解为一种规范的自我要求,自我就敞开了,以一种反向要求、反驳、拒绝不同形式的否定敞开大门,黑格尔最初将这种回应描述为争取承认的斗争。

这是通过反思康德的中心思想("我思"必须能够伴随着我的一切表象)所得到的众多成果,但我认为,这是黑格尔的来源。正是这种对康德自发性的反思,被黑格尔理解为一种自我分裂或自我远离,为自己与他人,[53]从而为自我与自我之间的和解的有效或最终形式奠定了希望之基。

这种看待事物的方式是黑格尔哲学这一方面最美丽形象的来源,这种形象(通常)与基督教和异教的含义产生了共鸣。在后来的《精神现象学》(第669段)中,他将人类的存在本身描述为一个"伤口(Wunde)",但是他说,这个伤口是自己造成的,并且可以愈合,甚至"没有疤痕(ohne Narben)"。这种治疗需要他在第四章的下一个辩论阶段介绍的社会辩证法,这将是我们下一章的主题。

第二章 论黑格尔关于"一个自我意识只有通过另一个自我意识才得到满足"的观点

一

[54]此时此刻,你们都知道自己在做什么,比如说,读一本黑格尔的书。正如安斯科姆(Elizabeth Anscombe)和其他人一样的著名论断,你不是通过观察(就像你知道别人在读什么一样)或推断来知道的,你只需参加这样的活动并保持这种活动就可以知道。同样,你知道你相信我所说的话,不需检验你的信仰或其他精神状态。你知道你认为我在说什么时就知道了。同样,"知道"你现在正在做的事对你来说没有意义,它不是知识,除非这个活动看起来很明确;知

道你做什么,就会知道你为什么要这样做,也就是知道你这样做的理由是什么。同样,知道你相信什么就意味着知道为什么你认为某事是真实的,[55]你认为什么是相信它的理由。也就是说,没有人"只"相信某事或"只"做某事。

关于"意识",这些简单的观察告诉了我们什么? 我曾论证说,黑格尔是在说一些非常相似的事。并且对黑格尔来说,这些主张清楚地表明,自我意识不是关于某个客体的意识,至少不是任何可观察到的客体,它是一个动态过程,一种做事的方式,一种思考的方式,而不是任何瞬间的二阶意识。有点令人惊讶的是,黑格尔把整个过程称为"欲望",我在上一章中提出,以这种方式看待客体,这种在了解或做任何事情时认识自己的方式,不是暂时的,也不是时不时的,而是必须随着时间的推移进行一些预测,这种方式是一种持续的和隐含的关注,或者至少对某人是否正确保持开放的态度,要么关于一个人认为是正确的,要么关于一个人正在做的事情,要么是关于一个人是否有理由相信自己做的事。我认为,这是我们称之为德国唯心论的最重要的内容,它在黑格尔的思想中得到了最充分的表达。(刚才使用的提法更接近费希特,费希特把讨论的重点不是放在 Begi-erde 或者欲望,而是 Streben 或者斗争。)我可以用另一种方式在更高的层面注意到康德一些不同寻常的东西。

康德在他的第三批判《判断力批判》(*Critique of Judgment*)的第一篇导言中,提出了一个雄心勃勃的方案,总结了他对人类基本能力的理解,这些能力涉及我们的知识、行为或感觉。他将这些能力分为三个部分,首先列出他称之为基本的"心智能力",[56]然后是类似于这种能力高级表达的"高级认知能力"。因此,对于基本的"认知能力",他将"知性"作为更高的能力;对于感受愉快和不愉快的基本能力,他将判断能力指定为更高的对应物(如审美愉悦和审美判断)。然后,他列出了第三种基本能力"欲望",并将其指定为更高认知能力"理性"的表达,这与康德哲学的标准图景有些矛盾。①

为什么他会把这些联系起来? 我想说的是,对康德来说,理性不仅仅是一种单纯的计算能力,也似乎不是一种用于实现目的的工具。相反,从更简单的意义上来说,成为一

---

① 他还为每一个"先验原则"规定了任务。分别是"合法性、目的性和义务",并给每一项分配了一个"产品",分别是"自然、艺术和道德"。*Kritik der Ur teilskraft*, in *Gesammelte Schriften*, ed. Königlich Preussischen Akademie der Wissenschaften (Berlin: de Gruyter, 1922), Bd. V, p. 198.

个拥有理性能力的生物,就是成为一个期待、要求、希望、为
正义而斗争、使其正当、理智和道德上正义的生物;或者换
句话说,当缺乏这种正当理由时,它会感到匮乏。在他关于
这一点最为人熟悉的表述中,成为理性的生物不能仅仅满
足于"有条件"的知识,而是寻求永远提升到"无条件"的知
识。(康德指出,即使他的批判哲学证明这只是不可能的,
也不会影响这种渴求和继续这种探索。)①他把理性置于另
一个语境中,必须说它有自己的"意愿",[57]它自己的目
的论结构在我们行动时明显可见,并且知道我们是以一种
方式而不是另一种方式行动,所有这些情况都激发了证明
正当性的需要,特别是对于其他人(对于康德及其他人)来
说。正是这种结构为康德的道德学说奠定了基础。人们可
以用黑格尔在第一章提出的术语来说明这一点:成为一个
理性的生物,以这种欲求的方式与所有已知的客体和将要
进行的行动相关联,就像黑格尔以它独特的方式所说的,
"超越自我"。如此描述的这种自我关联还有什么——一种

___

① 的确,即使是坚决地平淡无奇的康德也受到启发,使用了一
种欲望图像的变体:"人们在任何时候都将返回到形而上学,就像返回
到一个与我们吵过嘴的爱人身边一样。"(A850/B878)

斗争且无休止的内容,所有这一切都以一种独特的理性 –
敏感的方式进行——除了"欲望"?

在这些章节中,我试图追寻和遵循的德国唯心论的哲
学轨迹受到康德分类精神的启发,但是很难详细解释,因为
解释会立刻引起强烈的争议。简单总结来说,黑格尔的论
断就是,这个哲学运动的核心现象——自我意识——必须
被理解为一种实践的现象,就像康德的分类对实践理性优
于理论理性的表述一样。正如我们已经看到的,黑格尔的
意思是,如果对自我有了正确的理解,任何自我关联、自我
归因或自我宣称都不能通过将自我关联视为与任何一个客
体的关系,或者将这种关系视为任何一种两地意向或内省
的观察关系来理解。相反,任何这种自我关联都必须被理
解为暂时的,并且必须包含一些有待实现的事情。费希特
是后康德哲学发展的关键历史人物,他几乎比任何人都更
了解这一点的力量及其含义。① [58]但是在黑格尔这里,
当我们试图阅读他在 1807 年《精神现象学》中对这一点的

---

① 费希特对这一章的承认问题有很多话要说,黑格尔也是从这
一章自由借用的。但是费希特大部分时间都是在法律和某种程度的
道德背景下讨论承认自由和理性个人之间的适当关系。

表述时,争议和困难就开始了,这种解读贯穿于整个文本的各个方面,这意味着可以解释关于自我意识的讨论是如何进行的,或者在本章的主题中,关于另一种自我意识中的自我意识满足的讨论似乎是前三章的持续发展,这意味着继续讨论各种假定的、直接的心灵－世界关系。

二

我的建议始终是,我们再次从康德那里获取方向。康德是这一轨迹的开端,他争辩说,任何可能的客观意义(任何意向的规定性,即思想完全是客体的可能性)都需要被理解为必须积极建立的关系,不能仅仅因为与世界的感官交流而被理解,就好像仅仅是感性客体的存在和它们对感性的改变本身就设定或触发了意识思维的内容一样。这就是康德所说的所有有满足感的意识都是感知的,都是一种与客体相关的自我关联。从最广泛的意义上来说,这仅仅意味着对桌上某本书之类的东西的感性认识在某种程度上[59]涉及到难以清楚地表示出我"获取"到桌上有一本书,而不仅仅是我即将处于一种图书感知的状态。(塞拉斯

［Wilfrid Sellars］在他的经典文章《经验主义和心灵哲学》［*Empiricism and the Philosophy of Mind*］中指出了这一点,他说感知可以说是"断言或主张"。)①这很难解释清楚,因为概念活动运行的特征难以描述。如前所述,这当然并不意味着经验实际上由一系列不可能的清晰判断组成。但是关键的一点是,不能仅仅把对某种内容的任何有意识的关注说成发生在任何主体经验中的主观方面,而必须是一种获取,一种康德所说的自发性的训练,即使没有一种这样的训练参与其中。它必须是如此积极的获取,就是康德所说的意识本身是感知的意思。(在任何时候,当有必要这样做时,无论质疑或异常,任何这种获取总是可以判断出来的;这种明确的要求总是可以得到的。)也就是说,在我有意识地关注世界的过程中,存在着某种对所有经验规范层面隐性关注的自我关联,我们可以随时随地对自我是否正确持开放态度,一种必须"保持开放"的开放,所有这些都是自我关注的特征。正是这种专注的特点,使得康德和他的后继者永远无法完整地从心理或自然的角度来描述意识。

---

① Wilfrid Sellars, *Empiricism and the Philosophy of Mind* (Cambridge, Mass. : Harvard University Press, 1997) , p. 39.

在最后一章中,我试图展示黑格尔如何论证,要正确理解这一点,我们就需要总以一种暂时的方式来思考这种自我意识,[60]因为这在主体的初始解决和满足其承认它需要什么是真的、对的或好的愿望之间制造了鸿沟;正如他所说,这种自身与自身的可能统一"必须成为它的必要条件",因此自我意识应该被理解为"欲望"。我认为这种说法意味着,所讨论的自我关联必须在某种尝试中涉及这个主题,这是一种尝试,黑格尔称之为与自身的"统一",因为任何这样的初始关系在可废止的意义上总是暂时的。(用黑格尔的话来说,意识总是"超越自身"。)例如,一些假定的内容可能无法与另一个内容连贯地整合在一起。

用黑格尔自己的话来说,他也表达了这一点,这是通过指出自我意识是他所谓的运动,①其中包含个人和文化"走向自我意识"的发展阶段,可以说具有内在的目的论结构。

现在,一旦我们以这种方式介绍了自我意识是要实现的东西,我们就可以以某种方式引入对自我意识成功(或"令人满意")实现条件的讨论。在这里,黑格尔的主张和

---

① "Es ist als Selbstbewußtsein Bewegung." *PhG*, 第 167 段。在第 178 段,它也被称为 Prozess。

他最初关于欲望的主张一样大胆和不同寻常：在另一个自我意识中，自我意识"找到它的满足［这是合适的成功词，如果自我意识是欲望的话］"，或者更进一步，自我意识实际上只能在"被承认"时才是自我意识。这是以这种方式解决这个问题最重要结果的基础：［61］我们对世界的责任与我们对彼此的责任有着不可分割的联系，甚至取决于前者的可能性。①

---

① 它们之间有许多不同之处，但戴维森（Donald Davidson）在他的论证过程中表达了一个类似的一般观点，即除非可以说一个人持有信念的概念，否则不能说他有信念；这需要有一个客观世界的概念（一个人相信的东西可能是错误的），而后者需要语言，并理解它的社会和交往层面。那就是：

　　　我们关于客观性的意识是另一种三角测量的结果，这种测量需要两种生物。任一生物都与一个客体相互作用，但是赋予物以客观性的概念是语言创造之间形成的基线。事实上，它们共享一个真理的概念，这使得它们有信念的说法变得有意义，它们能够在公共世界中给客体分配一个位置。这些考虑的结论是，理性是一种社会特征，只有交流者才有。（Donald Davidson, "Rational Animals", in *Subjective*, *Intersubjective*, *Objective*［Oxford：Oxford University Press, 2001］, p. 105.）

三

这不是本节通常的解释方式。让我简单介绍一下黑格尔在描述一场争取承认的原始斗争中所表现出的更为传统的观点,这场斗争建立了基于权力和暴力的不平等和压迫性的社会关系。

黑格尔似乎试图对我们认为的所有现代政治和社会思想的中心的讨论做出了贡献。如果我们想象在制度和法之前的人类状况,我们可能能够想象出由此产生的制度秩序和法的性质,以及这些规范的利害关系和基本理由。[62]我们可以理解为什么这种制度是不可避免的,并且任何理性能动者都必然对它抱有意愿。

因此,我们想象了一种没有既定社会纽带的生活形式的虚构画面,这使我们得到了卢梭的非社会的孤独野蛮人、霍布斯的可怕利己主义者、洛克的谨慎劳动的个人、罗尔斯的"无知的契约者",在这里,我们想象了一种假定的情况,其中没有任何规范的行动限制。黑格尔似乎在暗示原始人类问题可以用以下五个步骤来描述。

1. 最初的情况是一个简单的独立和依赖问题。人们要么能够不顾他人反对执行自己的意愿,要么自己的意愿被他人控制、阻止或以其他方式决定。在接受激进假设的基础上,没有中间立场,也没有理由相信可以假设任何事情(信任的任何共同价值或基础)来缓和或解决这个问题。(我们不需要决定这种独立性是对自身有价值,还是仅仅是一种安全、稳定和保护生命的手段。)因此,黑格尔的最初取向最接近霍布斯的观点,但是他称没有任何理由认为每个人都会看到利维坦国家的优势,而不是继续斗争。他认为,任何一方坚持独立的意愿并不是策略的一部分,而仅仅是其本身,即使冒着生命危险或付出生命代价,这也是霍布斯的解决方案。(霍布斯当然认识到了这种可能性——他担心虚荣的持续存在——但他几乎认为这是疯狂的。对黑格尔来说,这种假设只是建立在霍布斯想要从中得到的霍布斯式的理性图景。)

2. 因此,这是一种不可避免冲突、战斗和斗争的局面。(也就是说,基于有限的简单假设,一个人的行为最终会与另一个人本来可以做的事情发生冲突或阻碍。[63]根据这个假设,我们没有理由假设共同利益或互利有任何吸引力。最初的情况被认为太危险和太不稳定了。)

3. 随后的斗争要么以双方的死亡结束,要么以一方的死亡结束。如果是后者,不确定性和挑战性的情况仍没有解决,只是推迟到另一个对手出现。

4. 我们必须能够想象一种情况,其中一方冒着生命危险拒绝服从,而另一方屈服,这就像所有人类社会存在的基本情况。屈从的人不仅被征服,身体上被压制,而且为了承认主人而克制自己。(像弗洛伊德一样,在黑格尔这里,各种各样的欲望只有在被压抑时才能被认为是人类的欲望,而在黑格尔看来,这将意味着在面对另一个挑战时被压抑。)同样,这一切都是基于这样一个假设,即原始人类问题,是文明秩序所要解决的问题,是一种掌控和屈从的问题,以及谁将占据什么位置的问题。

5. 但是,如果这种情况有点像休战,主人的独立性问题就不会得到解决。奴隶必须真正屈服并承认主人的权力。但是这种承认对主人来说毫无价值,因为他被一个他不承认的人承认,而且因为这种承认是被迫的,不能被认为是真正的屈服,所以更危险的是暂时休战而不是胜利。奴隶通过屈服,已经让主人降低到了动物生活的水平,因此主人实现他声称的掌控的决心受到了挫败。相比之下,奴隶并没有否定主人抽象的贵族生活方式。相反,他开始了一个漫长而缓慢的过程,[64]通过劳动、科学、技术等逐渐将自己从自然中解放出来,最终主人的完全依赖(和无用)对所有人来说都是显而易见的,人类可以开始抱有真正相互承认、法律面前平等、自由民主制度、平等权利保护等希望。

这种说法有很多是真实的,我们将回到其中的一些内容。它包含了一个相当异乎寻常的说法,即不公正地行使纯粹的权力本身就给行使这种权力的人带来了一种不满和痛苦,这使得人们有可能认为这种支配和服从的地位不会长久存在。但是,在现象学的这个阶段,黑格尔会简单地开始谈论社会斗争和相互承认的成就,这是不可信的,好像这本书又开始了一个新的主题。我们的任务,任何一个专注的读者的任务,仍然在于观察,这种关于我们对彼此负责的本质的初步描述如何与我们对世界的负责,或我们对理性的负责相关联,正如我们可以说的那样,这需要一种方法延续从上述康德框架里延伸的解释。

四

这个想法是,所有确定的意识,对我们来说都是设定性的,①就像在其意向客体或它在做的事情上有个设定一样。[65]如果这涉及积极或感知地获取一个位置的话,它应该被理解为一种获取,它也只能是设定的,并拥有一个位置。但是,作为一项活动,后一种自我认知并不是设定性的。这并不是因为它的感知自我意识不是一个客体,而是一种类似于承认某种实际承诺的东西,一种类似于将自己向外投

---

① 平卡德在《黑格尔的现象学:理性的社会化》(*Hegel's Phenomenology: The Sociality of Reason*, Cambridge: Cambridge University Press, 1994)中称之为"假设在'社会空间'中的设定"(页47),并继续说,"在'社会空间'中的'移动'是该空间许可的推论"(同上)。我认为这是对的,平卡德在第三章第一节("自我意识及其对承认的渴望")中的描述给出了第四章开放过程的清晰但有些拔高的画面。我在这里试着放慢速度理解文本的细节。我呈现的观点也不同于我在《不能从这里到达那里:黑格尔〈精神现象学〉中的过渡问题》("You Can't Get There From Here": Transition Problems in Hegel's *Phenomenology of Spirit*)(载于 *The Cambridge Companion to Hegel*, ed. F. Beiser, Cambridge: Cambridge University Press, 1993)中的观点。

射(如果我们使用这一规划的语言)到世界和未来的东西;
从同样的意义上来说,知道我在做什么不是观察或反思。
如果我有这样的知识,那就应该以适当的方式有意识地进
行下去。(因此对我来说,我在讲课的同时要注意到,讲课
的现在和未来要不断地、积极地,即使是相当含蓄地支持、
维持对这种活动的适当性规范的承诺,这肯定不是自动发
生的,并且会被其他人质疑。① 这种从现在到所有适当的
环境和未来的延伸、投射或承诺 – 维持,就是我认为黑格尔
所说的在其独特的人类形式及其满足中的"欲望"。②)[66]
正如我们所见,黑格尔对此的说法是,意识的统一对于主体
来说"必须变得必不可少",他告诉我们这意味着"自我意
识就是欲望一般"。在某种程度上,这意味着没有自我意识

① Cf. Sebastian Rödl, *Self – Consciousness*, pp. ix, 9, 尤其是第
二章和第六章。

② 即使在想象这样的活动中,我也在观察想象的规范性要求。
我不会因为想象自己在布拉瓦(Brava)海岸的快乐而跳进密歇根湖。
(在想象中,我知道我是在想象,而不是在观察自己的想象。)这样说有
点误导,但总结这一点的一种方式是:说自我意识在欲望,就是说一个
人不可避免地想成为自己想成为的任何人,一个人寻求对自己声称的
东西的满足,一个人实际上努力实现自己宣称的意图。黑格尔最终想
要展示的这些迫切需求没有一个能够单独实现。

的意识能够占据一个"位置",而没有其他位置。要采取的立场是对各种推论和排除,以及未来在其他情况下的进一步承诺做出承诺,这些情况在断言时显然并不明显,但是会带来自我统一的问题,从而导致期望以实现我承担的承诺的方式继续下去。

即使是在动物生命的层面也有一种欲望,并被以不同的方式回应,以适应可能成功的目标,根据最微小的成功或失败改变自己的行为,这无疑是与世界意向关系的一种形式。人们可以说,世界在某种程度上是"为己的",这是因为动物以各种方式看待世界。它们区分食物和非食物,潜在伴侣和非潜在绊侣等等。但是在这种情况下,它们只是服从于自己的欲望,服从于自己物种——生命的固定要求,服从于黑格尔开始称之为生命本身的东西。从整体上考虑动物的生命,甚至是其生命形式,对于任何一种欲望状态来说都是必要的,但对于动物来说却不是必要的。[67]动物的欲望及其追求并不是"根据"这样一个整体以及在其中的位置和相对重要性来体验的。

而被认为是生命的主体,实际上导致了生命,则完全是另一件事。这种状态将在某种程度上涉及主体的这种生命,因此意味着成为某种承诺的主体,以某种方式把世界视为一种权利主张，并（在这样一个整体中）带有权利的假设和不一致的禁止。现在所争论的黑格尔主义的主张是，为了区别这种单纯的系统性的反应和基于主张、承诺、权利、理由、保证的行动，人们需要在"对自身、对其生命的单纯感性的渴望的不同的反应性"的画面中增加另一个主体的存在，这个主体能够挑战这种潜在的主张者。这种观点认为，只有面对这样的挑战，主体的自我关联才会成为规范性的，而不再是动物欲望的自然表达。他为什么要这样表述这个问题呢？在继续讨论之前，需要对类似"添加（adding）"这样的概念进行界定。我的意思是：在我们对这样一个欲望存在者的想象中，什么东西能让它成为一个可承认的人类欲望者？这并不是说我们和动物共享一个共同"水平"的有感觉的反应能力，然后我们在这种共享的有感觉反应的基础上又增加了一种精神能力。这将促使人们将自我意识描述为对这样的感知状态的自我监控，而且正如我们已经看到的，这将不是对自我意识的描述，而仅仅是意识的另一个层次。我们有意识的反应能力本身就是自我意识；后者不是添加上的。换句话说，动物并不"缺乏"自我意识；不是"像我们一样"，而是没有自我意识。他们自我意识的"缺乏"，[68]只是在我"缺乏"不可见的或全知全能的琐碎、无知和潜在的无止境的意义上。他们有动物感觉;因为自我意识,我们有另一种形式,但是我们可以添加关于这种自我意识感觉的不同之处,这就是这里所追求的问题;它不是附加问题。

答案可以用布兰顿最近广为人知的新实用主义的语言来表述,我想谈谈他对这一章的解释,以此探索黑格尔可能表达的意思。布兰顿用他自己的术语非常好地捕捉到的第一个黑格尔主义的观点,那就是自我意识有一个明显的特征:我如何把自己视为自我构成的;我是我所认为的自己或我只能是我认为的自己,只要我以某种确定的方式确定地认为自己是这样或那样,我就相应地在功能上随着这种自我构成获取的变化而变化。(黑格尔在《哲学科学百科全书》中的主观精神哲学中写道:"精神本质上只是它自己知道的东西。")①因为这种自我关联是在行动中实现的,也是预期承诺的实现,所以我也可能不知道自己是谁(或者可能不知道自己了解什么),但是错误的自我概念仍然是我是谁的一个重要方面。(举例来说,我可能是一个骗子,或者自

---

① *PSS*, vol. I, pp. 68 – 69.

我欺骗,这里面有一些对我的"自我"至关重要的东西。)①
因此,正如布兰顿所言,总结现象学最重要和最全面的主张
之一是,自我意识的存在没有本质,它们有历史。人类已经
把自己当成基督徒、运动员、歌剧演奏者、间谍、国王、教授、
骑士等等。[69]只有当他们认为自己是这样的时候,他们
才是这样的,他们认为自己至少部分地构成了他们是如此
的。② 这确实是黑格尔在这里的最深刻的观点,并且黑格
尔在许多表述中都强调了这一点。他说,"精神是它自己的
产物",它在历史上随着时间的推移而自我创造。③

我想说的是,布兰顿因为倾向于他自己所叙述的(而不
是黑格尔的)关于与世界的因果感知交流和社会地位在真

---

① *SDR*, p. 128.

② 只是部分原因,因为,正如布兰顿指出的,一个人可能无法以
符合这种自我归因的方式行事,从而发现自己不是自己认为的那
个人。

③ *PSS*, I, pp. 6 – 7. 我在《黑格尔的实践哲学》中对这一主张
进行了扩展解释。

实要求中的作用(他的"可靠的差别反应性处置",记分叙
述),①重新引入了直观－知性关系的"两步"叙述,康德和
黑格尔试图避免这种叙述,因此布兰顿与麦克道尔所描述
的相反,布兰顿的方式孤立了自我意识的社会性质问题。
在麦克道尔的解释中,第四章看起来像是对意识和客体问
题、感知理智和感性接受性的重新思考,即使这也是对第四
章的深化和延伸;布兰顿的解释却是对第四章的"新主题"
解释。虽然麦克道尔肯定不会否认社会性和社会依赖性在
黑格尔的叙述中发挥的关键性作用,但他否认这些主题在
这里是相关的,[70]因此他试图保留一幅常识性的图景,在
这幅图景中,成功的感知并不涉及这种社会依赖性;②但布

---

①　我无意在这里解释这个理论。见 Brandom,"The Centrality of Sellars' Two-Ply Account of Observation", in *Tales of the Mighty Dead* (Cambridge, Mass.: Harvard University Press, 2002), 和我的文章 "Brandom's Hegel", *European Journal of Ph losophy*13:3 (2005), pp. 381 –408。

②　或者至少,最终,任何比社会化为语言共同体更复杂的社会依赖性。

兰顿明显孤立了自我意识的社会性。① 我认为麦克道尔之所以孤立社会性主题,是因为他通常怀疑在感知知识本身的条件下,任何强大的角色(或者至少我称之为强大或稳健的角色)都是社会性的。在他看来,这一切似乎复杂得难以置信,并与更具常识性的立场背道而驰。麦克道尔的立场总体上更像康德主义者,他只专注于黑格尔对概念活动如何形成概念知识和意向行为的描述。另一方面,布兰顿专注于自我意识和社会性的问题,因为他有自己的准塞拉斯式的感性内容和心灵世界关系理论。我试图论证的是,他们没有搞清楚第四章和前三章之间的关系。

这里要解决的基本问题是如何解释这种自我构成的必要条件,布兰顿很好地阐述了黑格尔回答的术语:我们应该在一个客体对其环境的不同反应(铁可以通过生锈来应对潮湿环境,也可以通过不生锈来应对其他环境)的图景中添加什么,这些不同反应是意向性的,[71]它不仅仅是对世界的简单反应,也可以说是以一定的方式获取世界。这是典

---

① 例如,他关于"自我意识就是欲望本身"的论述表示,他希望讨论的是自我意识和欲望意识之间的关系,"……至少在某种意义上,自我意识最原始的形式应该被理解为欲望意识基本结构的发展"(*SDR*,p. 139)。

型的动物的原始意向性,当饥饿(如此渴望)时,它们实际上可以将环境中的客体归类为食物(渴望满足)。但是,对食物做出不同的反应并将其与非食物区分开来,并不能完全满足饥饿,就像我们仍然处于铁进行反应的水平的情况一样(在那种情况下,生锈是其回应)。动物必须做一些事情来满足它的饥饿,并且必须做适当的事情,有时包括几个步骤,甚至与其他动物合作。它必须得到并吃掉这样的食物。另一种说法是,动物不只对环境中的食物做出反应,还把东西当成食物,这种说法在于,动物现在有可能有一种表象 – 实在的区分。它可以把不是食物的东西当作食物,也可以从错误中吸取教训。或者它只有在饥饿的时候才会做出反应并采取行动去吃这种食物,通过一种原始意向性的方式,它会把食物当作现在要吃的食物。①

到目前为止,我认为这很好地追踪了黑格尔在做什么。黑格尔承认,没有与世界进行感官交流,就不可能了解世界,他接着论证说,仅仅是这样一种感官交流,或者仅仅是

---

① "欲望不仅仅是一种以某种方式行动的倾向,因为一个人对客体的反应可能满足也可能不满足,这取决于这些客体的特性。"(*SDR*, p. 133)

事实上改变了我们的情感,还不能构成我们可以体验的世界。我们必须理解客体是如何被主体理解的,这意味着理解客体可以出现的那种存在,并因此被理解为是这样还是那样;[72]事实上,根据客体可能不存在的情况,把客体看成这样或那样,规范专注的存在者。这意味着仅仅理解不同的反应性和渴望的、歧视性的意识之间的区别,一个实际的分类(或"获取"),这是理解客体如何成为一个主体的最基本的、最小的方式,而不仅仅是作为反应触发因素。注意到这种独特的能力,我们已经把动物意识理解为原始意向性的。

下一步是关键的一步。现在,我们要在这幅图景中添加什么来获得真正的意向性,而不是原型意向性;也就是说,它不只是人们在游戏中的一种生命情感,试图以积极的、不同的和以实践成功的方式寻求满足其欲望,而是真正的自我意识和实践上的自我规定(根据自己能够产生的原因行动)?① 如果自我不是一个内省的客体,那么在与世界

---

① 此处所谓的"添加"是纯粹比喻意义上的。这并不是说我们有可以被认为是动物欲望的东西,还有一些额外的能力。一旦我们"建立"了一幅完整的人类或无意识的意向性的画面,我们感知生活的整个画面,"从上至下",看起来就不同了。

和他人的所有交往中,使自我成为自为的又是什么? 根据这一节和之前已经做出的论述,看待这一点的一个方法是:我们需要知道什么是必要的,以便在我认为自己是什么和我是什么(或者我认为自己知道什么和我知道什么,或者我认为自己在做什么和我在做什么)之间进行区分,我们必须这样做,同时不认为人们误解自己是一个反对者(就像把狗误认为狼一样),好像任何直接确信自己是什么是可能的似的。① [73]相反,如此获取的自我是赋予自己某种确定的权威地位,这种地位必须是临时性的,并且会受到挑战。② 也就是说,人们可以把饥饿或对食物的渴望作为行动的理由,这不仅仅是一个场合或刺激,而是一个行动的理由。可以说,这种确定的"假定命令",用我们前任总统不朽的话来说,把自己权威性地当作这样一个确定者、决定者。

问题是:在什么条件下会被认为是这样(将这样的权威归之于自己就会产生这样的权威吗)? 也就是说,将任何这样的决议、自我归因、自我断言看作某种其他欲望的表达,

---

① 这就像在一个人所认为是 X 之物的基础上,认为某样东西是 Y,这几乎没有什么帮助。

② 这就是我们早先在现象学语言(胡塞尔意义上)中讨论的"设定性"的意识。

或一种复杂的心理动物对支配地位或自给自足的渴望,或者其他什么,这在理论上总是有可能的。在这种情况下,人们仍然只是服从自己的欲望,而行动只是表达这种无意识的态度,我们想要的是一个欲望的主体,一个决定追求哪个欲望以及为什么、根据什么原因追求的主体。如我所说,正是为了回答这个问题,黑格尔在"成为其所是的存在者"中引入了一个必要的因素,这是另一个自我归因的主体,它的立场与两个这样的主体和有限的资源发生冲突,这使得原本可能发生的事情变得不可能。这也迫使这个主体面临着一个承诺问题。① ［74］在承诺中,一个人被迫解决不相容

---

　　① 霍耐特在《从欲望到承认:黑格尔自我意识的理由》(Von der Begierdezur Anerkennung: Hegels Begründung von Selbstbewußtsein, pp. 195ff.)中认为,这一章的大多数评论者没有解释从他所说的体验主体"对客体的独立性感到失望"和"与他者相遇并得到承认"的转变。我认为,这是错误看待这种转变的方式,仅仅欲望的无休止(受制于个人的欲望)只是从观察的、哲学的"我们"的角度来看的"失望",这种观察的、哲学的"我们"总是与经验主体的经验相平行和一致。(这是因为这样的观点已经"知道"前三章的结果需要什么,以及为什么仅仅是欲望意识的自我关联特征不能提供足够的"独立性"。)黑格尔在这个层面上所需要的只是简单有限性和稀缺性的假设,以及一个将冲突推向"死亡"的争论主体的极端可能性,而不仅仅是自然的依附。在我看来,霍耐特在他的评论中创造了一个我在文本中看不到的内部问题——经验主体对自己的、完全否定的、完全消耗的"全能"的感觉。

的问题并牺牲一些东西;人们不仅仅表达一种欲望。承担自己的责任就是给自己一种权威,这种权威不可避免地涉及对他人的态度。最明显的是,如果同样的承诺理由适用,把自己获取为一个权威的接受者,也就确立了一种地位,我必须承认这种地位对另一个人是开放的,而且我不能否认另一个人。正是在这种挑战面前,自我归因的隐性权威和地位必须被实现,否则就会在实际上变成一种现实存在的地位,而不是主体服从或不服从生命需要的另一种表达。这种认识必须包括由另一个人向权威提出这种要求的可能性。同样,换句话说,这样的声明在某种心理意义上可能是"真诚的",但事实证明,这与某人自称这样的权威会说些什么和做些什么不一致。

[75]在阐明这一点时,黑格尔引入了一个众所周知的戏剧性的插曲,一场为获得承认而进行的"殊死斗争"。这就是我们之前触及的建议的开端——黑格尔认为人类主体(作为人、能动者)的独特规范地位不是对某些实体的或形

如果它存在的话,那将是一种极其奇怪且完全没有动机的无所不能的错觉。因为这是霍耐特与温尼科特(Winnicott, p. 199)进行扩展比较的基础,我认为这种假象与第四章的论点无关。

而上学性质的反思,而是一种社会成就,因此与不可避免和
独特的社会冲突形式相关联。在这里,他首先试图以一种
非常简单的方式阐明什么是已经实现了某种独立于"生命"
的物种所特定要求的东西,他认为这种成就只有在与他人
相关的情况下才是可能的,这就是我们所取得的成就。(人
类的精神使自己成为最终让自己和他人承担责任的人。他
们不仅仅由于偶然表达的欲望而互动和冲突。)

我们本能地抵制这种图景,认为这种规范 - 反应性必
须用某种形而上学的区分来解释我们是什么样的东西以及
动物和无生命是什么样的东西。但是在黑格尔看来,这种
形而上学从来没有吸引力。当在某些情况下我被迫决定什
么是重要的、什么是有意义的、什么可能会对生命本身产生
不利影响时,欲望引发的反应会被视为承诺。这并不是一
种形而上的独特性的出现,而是一种新游戏的开始,据我们
所知,只有人类动物才能玩这种游戏,这是一种语言游戏,
或者是通过呼吁和要求实践理由来相互问责,并为所谓的
权威辩护的精神游戏。我们现在想知道的是如何有效地玩
这种游戏,[76]这种游戏的答案不能通过关注生物的生物
学特性或进化历史来获取。

布兰顿对我们已经达到的目标总结道:

成为一个自我所需要的某种东西,需要能够赋予
态度以独特的规范意义:从欲望的世界走向承诺、权威
和责任的世界。①

在黑格尔所想象的极端条件下,如果处于危险之中并
可能面临对生命、欲望等等的所有依恋的风险,那么赋予自
己规范的意义或承认某人有权要求权威不能仅仅是感情或
偏好的表达。②（激进的黑格尔派主义者认为,所有拥有这
种权力的人都被承认——在正确的条件下,以正确的方
式——拥有这种权力。这一点在这里不一定是一个问
题。）③如果是这样,那么这种坚持的相关满足或解决,就不

---

① *SDR*, p. 135.

② 用布兰顿的话来说:"一个人要对自己有这样的意义——不
仅仅在自己身上的某种东西成为其可能的东西,而且对自己来说也是
如此的东西——这种意义必须是对一个人来说是可以或已经有的东
西。"(*SDR*, p. 139)

③ 这是一个常见的"承认悖论"。这种激进主张的论述很容易
被争论,但却是不连贯的。人们不可能通过被承认拥有权力而拥有权
力,因为承认者基于某种理由承认授予这种权力。这里没有明显的循
环,这个理由不能是"因为我承认你,所以你值得承认"。如果必须有
这样一个值得承认的内在基础,那么很明显,某人可以拥有一个不被

能仅仅是其他人的屈从或退却。这个解决方案必须是一种承认，承认在这场斗争中声称的权威。在这个游戏中，这就是使权力成为权威的全部。因此，事实证明，所有意识中固有的欲望(意识"超越自身"，因此它与自身的统一"必须成为它所必需的")必须是也只能是一种被他人承认的欲望。② 正如我们在康德的讨论中看到的那样，一个人如果不是欲望的产物，并努力弥合权利要求和正当、意图和成功实现、行动和合法之间的差距，就不能说是一个理性－回应的存在者。同样，在黑格尔对这一点的转变中，将某种规范、权威的地位归于自己，不能说人们不仅对那些实际上阻

承认的权威。这个问题是个老问题。从某种意义上说，它可以追溯到亚里士多德的主张，荣誉不能是人类最高的利益，因为一个人因其所做的荣誉之事比被授予荣誉更为荣誉；一个人因他所做的值得尊敬的事而受到尊敬。这显然也与欧绪弗洛(Euthyphro)关于虔诚的讨论有关。(神圣是因为神圣而被神所爱，还是因为被神所爱而神圣?)关于"错误承认"的有益讨论，见 HeikkiIkäheimo 和 ArtoLeitinen，"Analyzing Recognition"，载于 *Recognition and Power*，ed. Bert van den Brink and David Owen (Cambridge：Cambridge University Press，2007)，pp. 53–56。

　　② 科耶夫基本上把这一章扩展成独立的、成熟的哲学人类学，他认为对黑格尔来说，人类欲望的独特性在于它可以把其他动物没有的东西作为它的客体：他人的欲望。这种被渴望(被正确地认识)的愿望对科耶夫来说相当于人类历史的基本冲动或自然倾向。

止实现这种主张的人漠不关心,而且对那些质疑和拒绝这种地位的人也漠不关心,他们可以为自己主张一种类似的和有争议的权威。

布兰顿阐述了这一切是如何运作的,他的阐述方式近似于[78]他认为权威地位的社会属性的作用是可能的意向性所必需的规范性,也是自我意识的可能性所必需的:

> 因此,具体的承认包括承认另一个人对事物的现状有一定的权威。当我这样做的时候,我把你当作我们中的一员,在一种原始的规范意义上的"我们"——我们中的那些人遵循着同样的规范,同样的权威——这是由这样的态度建立起来的。①

然而,布兰顿的论述有许多方面与第四章中黑格尔的不一致,这些差异是相关的。他的论述当然是一种重构,②

---

① *SDR*, p. 142.
② 在《晤对先贤》(*Tales of the Mighty Dead*)的语句中,他更感兴趣的是重新解读而不是照搬照抄。也就是说,他不想知道历史上的黑格尔致力于什么,但是鉴于历史上的黑格尔在致力的事情,他将不得不在另一个更清晰、更现代的语言中承诺什么。参见页 99 – 107。同样参见我的《布兰顿的黑格尔》(*Brandom's Hegel*)。

但首先,他遗漏了一个从表面上看对黑格尔对他正在做的事情的理解相当重要的因素。我要指出,他对对立的自我意识经验的呼吁,这涉及布兰顿在其他地方以轻蔑的口吻称之为第四章中的"战争"修辞,尤其是关于殊死斗争的言论,布兰顿希望将这种言论视为一种转喻,一种真正承诺的形象。(从这个角度来看,愿意冒任何重要的风险可以表明承诺是正常的,而不是仅仅表达欲望[或动物欲望]。)但是黑格尔把极端的情况、生命的风险视为故事本身的一个关键要素,而不是更大故事的例证[79](明确承诺的逻辑性质)。它说明了独立于对生命本身的所有依赖的可能性。

我认为黑格尔试图在这一点上要解释的是,为什么我们不能认为任何一幅一元构思的自我意识渴望意识的图景是令人满意的,这是一个渴望的存在者,能够进行实践分类,意识到自己是一个实践上的分类者,并因此具有适当和不适当分类的规范意义,但是它被设想为与另一个这样的自我意识分类者或被认为对他人的理解、主张和获取漠不关心的图景没有任何关系。这在简单的经验前提下是不够的,即在一个有限的世界里还有其他这样的主体,从它们的角度来看,这些主体不会也不能允许存在这种纯粹的自我关联。布兰顿说得对,持有承诺与仅仅表达愿望的区别在于:如果承诺与他人有所冲突,那么就愿意改变或放弃承诺。如果一个人故意接受不一致的承诺,他就不会对任何事情做出承诺。黑格尔让我们想象,与试图满足自己欲望之人的不可避免的冲突是如何以对生命的依恋为其本质的。鉴于一个人为了生命而放弃或牺牲了最初的承诺,这种关系现在可以算作承诺。生命已经成为一种价值,而不是必要的物种。但是,我们迄今为止所掌握的自我意识理论和实践意向性不仅确保了会有这种争论,而且在我们迄今必须处理的前提下,这必须是一种深刻的争论,按照最初或者最低限度的构想,这种争论只能通过一个人死亡或者完全屈从于另一个人来解决。这将在黑格尔关于他所说的我们所依赖的社会性的描述中发挥重要作用。

五

[80]以下是黑格尔关于这种看法的一些例子。重要的评论发生在第175段之后。在那里,黑格尔对比了动物欲望的满足,按照布兰顿的说法,动物欲望的主体以某种方式对待客体,而且是区别对待,然后简单地否定这些客体,或

者满足它的欲望。如果我们谈论的是捕食者和猎物,那么在某种意义上,这样的主体可能会受到自己欲望客体反抗。但是这种抵抗不仅仅是一种挑战,更像是一种阻碍。(没有人对分类的正确性或制作分类的权利提出质疑。)随着对人们客体的这种否定,另一种欲望出现了。

> 欲望和在欲望的满足中所达到的自己本身的确定性以客体为条件,因为这确定性是通过扬弃这个他者才有的;要有这一扬弃,必须有这个他者。(第175段)

在这种情况下,要回到我们曾多次使用过的表达,不能说人是欲望的主体,而只能说人屈从于欲望。作为思想和行为的主体,人们假定的独立性实际上是一种依赖,因此,一个人的获取还不能算作规范性的获取。

也就是说,一个人受制于无止境的欲望和满足的循环,不能说已经实现了与自己欲望的任何"距离",对它们的任何独立观点来说:

> 因此自我意识不可能凭借它的否定性联系而扬弃客体;[81]所以它毋宁意在产生出客体,正如它一再产生出欲望一样。

然而,当在自我意识的欲望态度的客体中,有一个客体不是客体,而是另一个潜在的主体时,这一切就会发生变化。作为这样一个客体,它不能简单地被"否定"(仅仅作为一个客体被消灭),但是如果它要满足第一个主体的愿望,"它本身必须实现这种对自身的否定"。(黑格尔在第182段中不那么抽象地说:"因此,如果这客体自己本身不做这行为对它所做的事的话,这行为对于这样一个客体就不能自为地做任何事。")另一个主体(挑战而不是阻碍我对欲望的满足,这是通过迫使问题"走向死亡"来实现的)作为这样的主体,对我来说是不可接触的,是直接的武力或胁迫不可达到的。无论要建立什么样的关系,都必须受到该主体的影响;他必须"自己做第一个自我意识在里面做的事情"。

六

在这一点上,我们必须记住第一章中关于第80段的讨论,并按照原始问题陈述这些结果。这段话包含了这样的主张,即自我意识总是"超出自身",以及由此产生的问题:

自我意识与自身的统一,"必须成为自我意识的关键"。这种满足的一种形式是简单的欲望满足;与自我的统一是通过消除自我内部的差距或需求,即欲望而产生的。虽然这只是暂时的满足;总是有新的和多种多样的欲望被激发,并受其支配。[82]但是,当一个人这样的要求或获取遭到另一个否认这些并拥有自己要求的人的反对时,或者当一个人的行为不可避免地影响到其他人本来可以做的事情,被一个其行为与自己的行为相一致的人拒绝,而不仅仅是阻挠时,另一种满足感就成了问题。① 实现这样的统一是不可能的。正如黑格尔将继续展示的那样,一个人不会仅仅通过消灭另一个人来应对像他们这样的挑战(解决这种差异的统一性不会变得"必不可少"),因此,一个人不会满足于自己,也不会达到如此频繁提到的统一性(自我满足)。(一个人仍然处于无休止地服从自己欲望的无休止的动物

---

① 布兰顿的叙述和他对黑格尔的论述倾向于跨越这个阶段,集中在满足社会性所必需的东西上:谁来决定,以及如何决定,任何被要求的权威是不是一个真正有权的权威。我曾在其他地方争论过,他关于这些问题的社会协商的谈论(正如布兰顿本人所怀疑的)太过直白了;假定黑格尔想发挥的作用太多,认为它是辩证地复杂和有问题的,最终引发了哲学的复杂历史转折。参见我在《布兰顿的黑格尔》中的讨论。

的位置。)另一个"接受者认为自己是接受者",因此是一个潜在的挑战,而不仅仅是一个障碍,这种存在确立了规范问题,无论一个人对世界的接受是否如他所想的那样,或是否值得,对于这种自我和解都"必不可少"。这意味着,这种对抗的形成和否定不能在动物层面上解决。也就是说,"自我意识只有在另外的自我意识中才得到它的满足",或"只有这样,自我意识才实际上存在;因为在这里,对自我意识才第一次形成了它自己在它的他者中的统一"(第177段)。

[83]但是在黑格尔看来,没有任何非问题乞求的标准、方法、程序或标准可以解决这种争论。不管一方认为给予和询问原因是什么,另一方都可能认为是任意表达了对方对成功的渴望,这仅仅是一种工具性的策略。① 因此黑格尔的理由是,规范承诺的原始表达作为一种权利主张的唯一可行实现,是生命本身的风险:

　　但是,要把自为存在的纯粹抽象体现为自我意识

_____

① 在现代哲学中,一个和智者一样古老的问题又出现了:难以区分对理性的假定诉求和维护权力地位的修辞策略,这个问题被尼采所强化,并在福柯那里达到顶点。黑格尔当然认为这种区分是可以做到的,但不能诉诸永恒/实质性标准或任何形式标准。

的纯粹抽象,就要把自身显示为对其客体性方式的纯粹否定,或者要指出它并不束缚于任何确定了的定在,并不束缚于一般定在的共同的个别性,即不束缚于生命。(第187段)

黑格尔做出这样的断言并不是因为任何关于荣誉在人类生活中具有中心地位的人类学立场。他认为他所做的是因为他试图在自我意识存在者中聚集真正人类社会性的最基本的核心要素,这种社会性能够提供他所主张的满足感,这是意识总是"超出自身"的问题。[84]他坚持说,在这次集会中,我们必须开始,不要乞求任何问题。所以他建议我们把这个问题看作在如此狭窄的范围内的斗争,我们得到了这个关于一切都岌岌可危的著名画面:

因此两个自我意识的关系就被规定为这样,即它们自己和彼此之间都经历着生死斗争的考验。(第187段)①

---

① 这种"证明""测试"等语言对于黑格尔所说的概念或规范的"实现"是绝对核心的,并且存在于黑格尔在整本书中所说的主观确定性和真理之间的对立中;这在他在第五章中的重要论述中也起着核心

　　在这一章的其余部分,黑格尔展示了任何试图通过建立权力或强制承认来解决这种矛盾的做法实际上的不一致。很明显,对于黑格尔现在所设想的人来说,这种和解的最终必要条件是实践理性,因此最终也是对普遍和解的一些共同看法。① 黑格尔有一种"务实的"或"历史化的"或"对话的"②观点,认为这种观点吸引了与这一整体情况相一致的理由。他把实践理性理解为一种人与人之间的相互交流,这种交流试图证明人与人之间的正当性,而人与人之间的每一种行为都会影响到其他人本来可以做的事情,这一切都是为了一个共同体。[85](这种尝试的例子随着时间的推移而改变。)但是他对这些相互辩护的尝试的描述实际上还需要见诸这本书的其余部分,"现象学"的发展和经验过程的特征。

作用,他在第五章否认"导致外部身体运动的内部意图"的行动画面支持他所说的"内部－外部推测性的同一性"。关于这一观点更详细的描述,见我的《黑格尔实践哲学》。

　　① 　参见平卡德对这一问题的精确总结,《黑格尔的现象学》,页57。

　　② 　我指的是对话活动和伽达默尔在《柏拉图对话伦理学》(*Dialogical Ethics*, trans. Robert Wallace, New Haven: Yale University Press, 1991)中赋予柏拉图的理性之间的联系。

七

"自我意识是欲望一般。"我认为黑格尔的意思是,一旦将纯粹欲望和人类欲望区分开来,所有思想和行动中的感知元素不是自我关注,而是"自我设定",或者类似的东西,用麦克道尔和布兰顿的话来说,就是承担责任,为自己的想法和行为索求权威。在黑格尔看来,只有在另一个这样的自我意识存在的情况下,特别是在另一个这样的自我意识存在的挑战下,才有可能想象一种从原始的、仍然无法解释的这种接受状态转变到边缘的、自我意识的、权威要求的状态。这是社会中介的意向性概念的开始。但是在他叙述的这个早期阶段,我们无权在解决争取承认的斗争中就理性规则假设任何先天的一致意见,这些规则是承认一个人的主张的真正权威的规则,在黑格尔叙述的前提下,这些规则不可避免地会出现问题。因此,在黑格尔允许自己做出的假设中,这种对抗只能用最粗略的术语来解决,通过一种殊死斗争来解决。这就确定了他们的主张实际上是由一个主体提出的,而不是生命迫切需要的表达,因为这场斗争将这

个问题推到了这样一个地步,即对生命的迫切需要完全的
漠不关心规定了这个结果。[86]对每一个主体来说,这种
假定的对抗提出了一个问题,即一个人作为一个活着的自
然存在物的存在是不是至高无上的,或者人们是否会将自
己作为一个人的生命的主体而不是受制于人的生存命运的
权力赋予自己。正如我们一直说的那样,这种与自然生命
的关系,以及人的特殊地位是必须实现的。与客体和他人
的自我关联必须得到实现,这是一种与他人的关系不可分
割的实践现象,最初也是与他人的不可避免的斗争。真正
的人类意识、灵魂、精神、各种不同的人类名称,都将通过这
种观点的棱镜来解读,这种区分从根本上来说是一种结果,
最终将成为一项历史成就。

现在黑格尔当然不是说主人和奴隶的社会地位代表着
稳定的社会成就或问题的解决。恰恰相反,他立即着手揭
露它的不稳定性和不令人满意的暂时状态。众所周知,上
帝必须保持沉默,因为他被一个他不承认有能力承认权威
的人所承认。他认为奴隶只不过是动物,与动物生命息息
相关。主人不像奴隶最终会意识到的那样,奴隶实际上选
择了生命作为一种价值,一种(最终)构成的选择,我们可以
说,最终构成了现代或资产阶级的生命形式。奴隶承认一

些不承认他的人,所以还没有达到权威承认者的初始地位。但是,黑格尔解释说,奴隶现在可以理解,依附或独立于生命之间的明显对立是一种虚假的对立,[87]可以开始缓慢的工作或"概念的劳作",并从他的自然依赖中解脱出来,从而最终脱离主人,而后者越来越依赖奴隶。在这种背景下,人们可以理解黑格尔如何以及为什么认为人类自由是一项历史和社会成就,而不是人类本身的形而上学或任何其他性质。我们所有人都很清楚这种观念在 19 世纪和 20 世纪将会在哲学之外产生非常强大的影响。

结　语

[88]在第184段,黑格尔总结了他认为自己表现出的自我意识的东西,这被他称为基本"环节"。也就是说,自我意识从来没有像"自我－客体"一样直接存在于自身;这是一种需要实现的过程或动态的自我关联。自我构成的自我意识(让自己了解某件事或让自己致力于做某件事)仅仅是暂时的声明,只有在将来和其他人一起才能实现。我们刚刚看到为什么黑格尔认为这样一种自我意识以这种方式来理解,只能找到它的"满足感",只能在"真理"中,在"另一种自我意识"中救赎那些"自我确定性"。他现在说,如此分析的这样一个环节一定是关于一种承认的尝试;任何一对对立的自我意识,都必须被认为是一种固有的实践目的论,其最终结果是"它们把自己作为彼此相互承认的来承认"(第184段)。

　　黑格尔的意思是,通过内在目的论,一种欲望的尝试成功实现(以及欲望的自我关联特征)可以被想象成在一种情境中有不同的经验,尤其是在最终的斗争中。[89]可以想象,人们必须确定什么是值得战斗的,生命为什么有以及有什么价值等等。(从这个意义上来说,一个实践的目的论仅仅意味着"为了"行动结构特征的一个发现的扩展。人们可以假定发现,在某些有限的假设下试图满足自己的愿望时,假设必须改变,实际规划本身的制定也必须重新考虑。)但是这种改变也意味着一个人的承诺、重要性、意义、对自己至关重要的东西等等的声明,现在被理解为对另一个人的诉求,自我意识的斗争因此也被理解为以某种权威的诉求来表达。正如我们已经看到的,只有在具有某种规范性力量的假设下,它们才能被断言;否则,它们只是对欲望、激情、恐惧等各种内在推力和拉力反应的表达。如果我对否认承诺的实现无动于衷,或者对与我声明的其他声明不一致无动于衷,那我就不能说我表达了承诺。(正是在这个意义上,意识本身对黑格尔来说本质上是一种理性现象。)在另一个"接受者"想象中的极端挑战面前,一个愿望的预期满足现在必须算作对另一个人尝试的一种要求。如果是这样的话,那么这种主张的断言也就将提出这种主张的权威归于自己。但是,这种自我归因不会是权威的归因,除非人们理解仅仅将权威归属于自己和实际拥有这种权威之间的区别。在仅仅质疑权威主张的阶段,黑格尔建议只有一种步骤符合这种说法的有限前提,并能够解决这样一个问题:一方屈从于另一方,承认在这种威胁下的这样一种权威;[90]人们在这一点上只能被理解为出于(实际上是理性的)不愿意在权威要求上冒一切风险,不愿意死去。

这种"殊死斗争"的假设,将赌注提高到超出任何对生命的依恋所能解释的程度,其意思是在动物、自然或欲望触发层面上的任何解释捷径。因此,在黑格尔经常使用的表述中,就其本身而言,这些声明提出了他们自己成功的问题:条件、主观自信和真理之间的关系。我可以承认对客体的各种权利,要求以某种方式对待,坚持我为自己主张的地位应该是我在世界上的地位,等等。但我承认这并没有实现,我不能对相关的需求或要求的实现无动于衷。(没有迹象表明黑格尔已经忽略了这个问题的广度。认知主张和承诺的权威也是这个故事的一部分。)

黑格尔现在开始将这种固有的条件(假设权威真正具有权威性)作为一个社会承认的问题来对待。这种对权威、规范性力量或授权的要求,是为了获得他人的承认。但是正如上面的引文所表明的,这不能仅仅通过事实上的接受来解决。(《精神现象学》中的大部分后续叙述都是关于在建立了被认为令人满意的关系之后,建立正确的认知关系的失败尝试。)承认关系必须满足某些条件才能使承认符合要求者对规范性力量的要求。(我们通过了解他们的缺席对经验意识意味着什么来了解什么条件。)它必须是相互的;或者更强烈、更清楚地说,[91]必须满足真正相互依存的条件。在科耶夫的表达中,面对任何这样的挑战断言和宣称自己的愿望已经是渴望"某种非自然的东西"——这是渴望他人的愿望(渴望被渴望),另一个是与自己相关,以自己的名义声明承诺。一个人不能强迫,只能欺骗另一个人同意这一点。雅各布和以扫或者喜欢,或者对这个问题漠不关心,但他们不丧失自己对权威、对一个人拥有真正的规范性力量的声明。因此,一个人的自我构成、自我意识的权威得以"真实"的唯一条件是真正的相互性。①

---

① 约翰·麦克道尔在《〈精神现象学〉"理性"一章中对黑格尔关于行动的解读》("Toward a Reading of Hegel on Action in the 'Reason' Chapter of the *Phenomenology*")中反对这一整体方法,他敦促说,在使某种像能动者或权威这样的东西依赖于实际被承认的情况下,坏哲学被不必要地强加给黑格尔。"我们可以尊重地位与被承认的可能性之

这意味着,那些从想象中的战斗中产生的规范性考虑必须在某种明确的意义上被另一方真正接受,[92]这是只有另一方能够掌控的事情,而我不能强迫它;另一方对我的要求也是如此。它们必须是可以共享的要求和考虑,这立刻引起了一场最终的康德主义的回响。因为康德也为我们所做的任何事情中理性诉求的实际不可逃避性提出了他自己的(非现象学)理由。我不能说是在行动,也不能说是一个能动者,除非我是根据原因行动的,康德认为他可以证明这些原因不能是利己主义的,必须是可分享的形式才能算作原因(对我来说)。所以,我认为,康德和黑格尔的区别并

间的构成联系,而不需要接受地位是通过承认而被赋予的——一个人通过被认为拥有它而拥有它。"(页169)但是这里有两种"可能性"的感觉。一种说法是,一个人不需要在一段连续的时间里被一些真实的人在实际上和字面上承认,就可以算作拥有这种地位。"可能"被如此承认是人所需要的,但是一个人坚持这样的观点,即他拥有这样的地位或权威是由于他所在社区的其他人(可能)承认。另一种意义意味着一个人仅仅拥有地位或权威(此处点到为止),它可能被其他人承认(因为一个人实际上拥有它本身),但是他们将仅仅注意到一个独立的规范性事实。后者不是黑格尔的思想,前者是我(或黑格尔)所需要的。此外,麦克道尔没有指出这种权力不是简单的或者仅仅是事实上的"授予"。如前所述,黑格尔讨论的大部分内容都是试图赋予它失败的东西,关于他的叙述有趣的是,他是如何努力走向最终成功的。

不涉及他们同意的这个核心问题。康德在这一点上有一个
著名的想法,认为只要考虑到原因的形式,或者我给予自己
的政策准则,就可以满足这种共享性要求(在他的语言中,
就是承认地位的相互性和普遍性)。不要采纳不能同时成
为所有人的普遍法律的格言。(尽管他似乎也认为类似的
表述是:永远作为目的王国的一员行事;以这样一种方式行
事,你不仅考虑你自己,还考虑每个人都是自主理性的目标
设定者,并且不采纳与这样一个王国的存在不一致的格言;
这一表述更接近于黑格尔坚持承认地位的相互性。)

　　在这个问题上,黑格尔与康德大相径庭,他解决了真正
的相互性、普遍性和规范性权威诉求的可共享性。因为他
一开始就指出了这样一个终极的理想解决方案,但是从方
法上来说,我们实际上事先并没有确定的想法(也没有直接
的直观)知道这种真正的相互关系是什么。[93]如同在许
多其他论述中一样,黑格尔提出了一种发展的方法,而不是
分析或演绎的方法,在这种情况下,从一个最低限度的规范
性但内部不令人满意的要求到这样一个承认基础(主奴关
系,认为它不仅仅是事实上的权力,而且是权利关系,因为
它应该是"因为"主人的胜利),然后逐渐显示出这样一种
假设产生的内部压力和不相容的承诺。因此,也许考虑到

康德的主要范畴,黑格尔说:

> 一个不曾冒过生命危险的个体,诚然也可以作为人格而得到承认;但是他没有达到这种作为一个独立自我意识而被承认的真理性。(第 187 段)

黑格尔在这里承认,可以说我们已经理解了相互性的形式特征,但是他也坚持认为,如果没有一些经验的、发展的内容,从冲突的中心地位开始直至死亡,以及对结果有意义的反应性的尝试,我们将永远无法解决这种真正的相互性意味着什么。

此方案遵循第四章的两个重要的新发展。第一个是黑格尔对奴隶劳作的重要性或意义的描述,该劳作被认为是在卑微的奴役下完成的。黑格尔强调的重要一点是,从历史角度(从相当高的高度)来看,奴隶的劳作不可避免地具有教化性和变革性。据说,工作是"被控制住的欲望"(第195 段),因此是教化的东西。结果是,奴隶逐渐开始获得"自己的头脑"。[94]事实上,这种情况发生的时候,一切都岌岌可危——生命和死亡——因为奴隶总是屈服于真正的主人——对死亡的恐惧。

这个存在主义式的寓言实际上是黑格尔对卢梭在他的

第二篇论文中的衰退主义叙述的回应,在这篇论文中,分工以及由此带来的越来越复杂的人类依赖形式的开端被视为一种社会奴役的开端。在黑格尔看来,这种依赖就像对主人的恐惧一样,是智慧的开始,在这里是一种实践智慧,因为主人的依赖变得越来越强烈(最终达到完全无用的程度),①奴隶开始缓慢征服自然,从而从最初奴役他的自然依附中解放了自己。②

其次,黑格尔提出了一种理解困难的方法,这种困难必须从他自己的叙述中显现出来。权威的自我归因就像一种命题态度,一种信念。正如我们在康德之后和他对统觉的论述之后一直在讨论的那样,假设只有当一个人有信仰的概念时,他才能真正拥有一个信仰,例如,一个人可以开始

---

① 参见 *PhG*,尤其是 VI. B. I. ,"自我异化的精神世界"。

② 这就是"为我们"的全部含义。对于意识来说,在这样一个初始阶段,没有什么比这一切更清楚了。参见:

> 由于外在东西的自然意识的全部内容都不曾动摇,则它自在地还是属于特定的存在;那固有的意义就是固执己见,是一种还停留在奴隶性内部的自由。纯粹形式……只能掌握某些东西,但不能掌握那普遍的力量和那整个客体性的本质。(第196 段)

相信他以前的信念是错误的。① ［95］在这种情况下，将任何权威归属于自己需要对自己实际拥有这样的权威有一些感觉，而不仅仅是承认自己拥有这样的权威。然而，主人和奴隶之间的规范关系涉及对主人所行使的权力的基础的理解，这也是每个人都深感敬畏的。奴隶为了他的生命向主人屈服；主人以对生活漠不关心的名义行使他的权力。但是奴隶的承认对主人来说毫无价值，主人拒绝承认奴隶。一般来说，每一个人都用一只手收回另一只手提供的东西，并且必须找到一种方法来理解他们不堪一击和毫不稳定的处境。他们必须这样做，因为正如你不能坦言与另一个承诺故意不一致的承诺，你也不能根据你破坏或明知不能基于自己认为的依据来归因于权威。如果主人没有真正的权威，就没有办法真正将这种服从内化并实践出来。如果奴隶不是一个可能被承认的人，那么主人对权威的要求就是空洞和没有保障的。

对于通常被认为是各种可能的哲学和宗教选择，黑格尔在这一点上不同寻常的建议开启了一种完全不同的理解方式。黑格尔将他理解廊下派、怀疑论和哀怨意识的方式，

---

① 参见第一章脚注中对戴维森的讨论。

作为一种实际上补偿和逃避刚才描述的情况的方式：

> 在思维里,我自由地存在,因为我不存在于一个他
> 者中,而是完全停留在我自身中,并且那对我而言是本
> 质的客体在不可分离的统一中就是我的"为我存在";
> [96]而我的在概念中的运动就是在我自身中的运动。
> (第 197 段)

> 自我意识的这种自由,由于它在精神的历史上是
> 作为它的被意识到的现象出场的,众所周知,就叫作廊
> 下主义。它的原则是:意识是思维者的本质,而某物只
> 有当意识在它里面把自己当作思维着的本质来对待
> 时,对意识而言才具有本质性,或者对意识而言才是真
> 的和善的。(第 198 段)

黑格尔早期对这种立场的不同寻常的态度("只要我保
持'思维本质',我就可以在锁链中获得自由"等等)在第
199 段中表现得非常清楚:

> 作为世界精神的普遍形式,它只有在一个普遍的
> 恐惧和奴役的时代,但也是一个有普遍教养并将这教
> 养一直提高到思维上来的时代,才能够出场。

这种方法——我们只能完全理解廊下派哲学实际上声称的东西,理解廊下派立场的全部内容,理解它是一种"世界精神"的形式,并适合于"一个普遍恐惧和奴役的时代"——也适用于怀疑论和基督教版本,黑格尔给它起了一个戏剧性的名字,"哀怨"。在每一种情况下,他都试图在自己的立场上发展内部的缺陷,这是对相关类型的不成功的规范性自我理解的反思。廊下主义导致了对纯粹"思考"本身的一个全面、抽象和不确定(如此令人不满意)的吸引力;[97]怀疑论对任何主张和价值的普遍和无情否定最终变成了自我否定;哀怨意识存在于一种自我分裂和自我矛盾的状态中,这种状态无法连贯或在实践中维持。在日益增长的自我意识中,这种哀怨意识最终将学会寻求"与自身的统一"——这种难以捉摸的渴望从第80段开始就一直伴随着我们——不是在"超越"中,而是在所有的现实中,因为它本身是理性的,最终是理性的,并"成为所有的现实"(第230段)。①

————————

① 这也意味着我们又回到了一个困扰麦克道尔的问题上,麦克道尔正确地问道(尤其是在他即将出版的《密涅瓦猫头鹰》[*Owl of Minerva*]中的回应):如果关于意识的章节中如此有问题的对立处于一种

但是这种方法和生命本身都存在足够的争议,需要进行长时间的单独讨论。我们一直对黑格尔的两个不同寻常的主张感兴趣——自我意识是欲望,自我意识只在另一个自我意识中才获得满足——我希望上述一切证明了对这些戏剧性表述如此广泛的关注是有道理的。

独立的、自发的理智和独立的、受情感约束的接受能力之间,那么一种关于人际关系的讨论应该如何帮助解决这个对立呢? 我试图说明的是,黑格尔证明了对立问题是一个关于索赔权和任何自我归因的权威的地位的问题。这就成为它正受到另一个人挑战的问题,在这种关系和斗争的结构下,普遍性问题摆在桌面上,他可以回到这种权威的问题上(在关于世界的主张中),将其作为(最终)我们对彼此主张的性质问题。

索　引

normativity (*cont'd*)
and, 62; dimensions of experience,
59; of imagining, 65–66n9; practical
conception of, 35n31; realization of,
84n30; responsiveness and, 8, 75–79;
self-determination and, 19; self-
regulation and, 16n14; self-relation
and, 52, 67; standards of, 22–25;
unsuccessful self-understanding, 96

objective validity, 7
observation, practical knowledge and,
15, 65
ohne Narben, 53
orectic issues, 12, 13, 18n16, 30, 49, 51,
66, 67, 72n18, 73, 74, 81
otherness, 13, 28, 29–30, 43, 45–47,
50–51, 74, 82–83, 91–92

Peirce, C. S., 35n32
perception, 1; consciousness and,
21n20; desire and, 13; normativity
of, 23–25; of objects, 30; self-con-
sciousness distinguished from, 11,
46, 58–59; sociality of, 70
perceptual control, 70
phenomenology: of Hegel, 1–2, 32,
34–35n31, 37n33, 48, 85; of Hei-
degger, 25, 36
philosophy: Anglophone, 3; as com-
pensation, 95–96; Continental, 3–4;
practical, 4, 22n23, 35n31; skepti-
cism, 43, 95–97; stoicism, 43n38,
95–97; theoretical, 4, 22n23. *See also
specific philosophers*
Pinkard, Terry, 20, 64–65n7
Plato, 51, 52, 84n32
pragmatics, 18n16, 36, 84

Rawls, John, 62
reason: form of, 56–57, 92; historical
conception of, 84; interests of, 92;
practical, 1, 57, 84–85; pragmatic
conception of, 84
recognition: Fichte on, 35, 58; mutual-
ity of, 60–61, 64, 74n21, 77–78,

84, 88, 90–93; paradox of, 63–64,
76–77n24, 95; struggle to death for,
11, 13–14, 14–15n12, 38–39, 43,
48n43, 52, 61–64, 75, 78, 85–86, 90
responsiveness: environmental *vs.*
intentional, 70–72; normative, 8,
16n14, 56, 75; sentient, 67
right, concept of, 35n31
Rödl, Sebastian, 23n24, 65n8
Rousseau, Jean-Jacques, 51, 62, 94
rule-following, 22–23

sapience, 1, 5, 20
Sartre, Jean-Paul, 17n15, 23n24
satisfaction: in another self-conscious-
ness, 3, 14, 38–39, 45–46, **54–87**, 88;
of desire, 28, 36–37, 45, 52, 60, 65,
71–72, 79, 80–82, 97
scars (*Narben*), heal without, 53
Schelling, Friedrich Wilhelm Joseph
von, 32
Schiller, Ferdinand Canning Scott, 51
Secondness, category of, 35n32
Selbstbewusstein, 47, 49
Selbstständigkeit, 16n13
self-certainty, 10n4, 15, 40n35, 88, 90
self-certification, 4
self-consciousness, 1; as achievement,
15–19, 24, 28; as desire itself, 2,
6–53, 55, 58, 60, 75–76, 79; freedom
and, 5; of *Geist*, 15; Hegel's thesis,
15–20; intentionality and, 72–73;
Kant's idea of centrality of, 5, 6–10,
47–48; life as first object of, 32;
McDowell's interpretation, 39–41;
nature of, 11–12; *Phenomenology of
Spirit* as meditation on, 3; as practi-
cal phenomenon, 57; provisionality
of, 19, 37; recognition and, 60–61;
relation to consciousness, 9–14,
20–22, 27, 34–37, 46, 49–50, 60, 81;
rule-following and, 22–23; satisfac-
tion attained by, 3, 8, 14, 38–39,
45–46, 50, **54–87**; unity of, 20,
28–29, 31, 44, 48–49, 54–55, 60, 66,
81, 82, 97

self-constitution/constituting, 68,
70–71, 88, 91
self-determination, 19, 27, 29, 32, 38,
52, 72
self-knowledge: as actuality of *Geist*, 2,
15; positional, 65; self-consciousness
and, 54–55
self-legislation, 23n24
self-positing, 29, 30, 32–33, 40n35, 85
self-regulation, 16n14
self-relation/relatedness: dependence
on sensuous world, 27; desire and,
88; implication of, 15; intentionality
and, 17; in Kant's formulation, 9;
negation and, 37–38; as normative
self-determination, 52, 67; realiza-
tion of, 68; in relation to objects,
19–20, 21n20, 30–33, 35–36, 44–45,
46–49, 57, 58–60, 79, 86
self-sentiment, 36–37
Sellars, Wilfrid, 59, 70
sense-certainty, 10n4, 11, 21n20, 30, 46
sensory receptivity, 1
sentience, 1, 5n2, 9, 67–68, 72n18
servitude, 93–94, 96. *See also*
Bondsman
Siep, Ludwig, 35n31
skepticism, 43, 95–97
slave. *See* Bondsman
sociality, 1; class and, 11; of con-
sciousness and action, 39; insti-
tutional order and, 61–62; lin-
guistic community and, 18n16;
McDowell's understanding of, 14,
45–47, 69–70; minimal elements
of, 83; negotiation of, 79, 82n28;
rationality and, 61n6; relevance and
historicity of, 4
Socrates, 22
Sophists, 83n29
Sorge, 36
soul, 12–13, 86; divided, 51–52
space: social, 64–65n7; as subjective
form, 41, 42n37
spirit *(Geist)*: being present, 48; con-
cept of, 2, 15, 47–50; experience

of itself, 16–17n14, 48, 50, 68–
69, 75; shape of, 23–24; world
spirit, 96
spontaneity, 12, 14, 52–53, 59, 97n5
Stekeler-Weithofer, Pirmin, 12
stoic, 43n38, 95–97
Strawson, P. F., 41n36
Streben, 55
structuralism, 4
struggle *(Kampf)*: acceptance of, 91–92
concept of, 62–63, 84; as negation,
43–44; for recognition, 11, 13–14,
14n12, 38–39, 43, 48, 52, 61–64, 75,
78, 85, 90; self-consciousness as,
16–17
stubbornness, 94n3
subjectivity, nature of human, 5n2, 90
subject-object relation, 46n41
subject-subject relation, 4, 20, 39–40
successiveness, experience of, 8
synthetic a priori knowledge, 7–8, 40,
56n1

teleology, 57, 60, 88–89
time, as subjective form, 41
totality, 24, 32
truth: concept of, 61n6; in opposition
with appearance, 20, 27–28, 84n30;
of self-certainty, 10n4, 88, 90, 93
turning point of *Phenomenology of
Spirit*, 2, 4, 20–34

unconditioned, the, 56
understanding: as higher faculty, 56;
intuition and, 7, 11, 15, 40–43, 43,
69, 92; satisfaction of desire as es-
sential to, 36
Urheber, 23n24

Verwirklichung, 83

We, as I, 14, 29n27, 31, 48
welterzeugenden, 12n6
Winnicott, Donald, 74n21
work, Bondsman's, 86–87, 93
wound *(Wunde)*, self-inflicted, 53

图书在版编目（CIP）数据

黑格尔论自我意识：《精神现象学》中的欲望和死亡/(美)罗伯特·皮平（Robert B. Pippin）著；马晨译. --北京：华夏出版社有限公司，2022.9（2024.6重印）
（西方传统：经典与解释）
书名原文：Hegel on Self-Consciousness: Desire and Death in the Phenomenology of Spirit
ISBN 978-7-5222-0340-9

Ⅰ.①黑… Ⅱ.①罗… ②马… Ⅲ.①黑格尔（Hegel, Georg Wilhelm Friedrich 1770-1831）－自我意识－研究 Ⅳ.①B516.35

中国版本图书馆 CIP 数据核字（2022）第 105377 号

北京市版权局著作权合同登记号：图字 01-2021-3771 号

黑格尔论自我意识——《精神现象学》中的欲望和死亡

作　　者	[美]罗伯特·皮平	
译　　者	马　晨	
责任编辑	刘雨潇	
美术编辑	李媛格	
责任印制	刘　洋	
出版发行	华夏出版社有限公司	
经　　销	新华书店	
印　　装	北京汇林印务有限公司	
版　　次	2022 年 9 月北京第 1 版　2024 年 6 月北京第 2 次印刷	
开　　本	880×1230　1/32	
印　　张	4.5	
字　　数	70 千字	
定　　价	45.00 元	

华夏出版社有限公司　地址：北京市东直门外香河园北里 4 号　邮编:100028
网址:www.hxph.com.cn　电话:(010)64663331(转)
若发现本版图书有印装质量问题，请与我社营销中心联系调换。

西方传统：经典与解释
Classici et Commentarii
HERMES
刘小枫◎主编